Two week loan

Le système éducatif

Quatrième édition

Éditions La Découverte
9 *bis*, rue Abel-Hovelacque
75013 Paris

Catalogage Électre-Bibliographie

Vasconcellos, Maria
Le système éducatif. – 4e éd. – Paris : La Découverte, 2004. – (Repères ; 131)
ISBN 2-7071-4225-5

Rameau :	enseignement : France
	administration scolaire : France
	sociologie de l'éducation : France
Dewey :	370.1 : Éducation. Généralités. Principes.
	Théories. Histoire générale.
Public concerné :	Tout public.

Si vous désirez être tenu régulièrement informé de nos parutions, il vous suffit d'envoyer vos nom et adresse aux Éditions La Découverte, 9 bis, rue Abel-Hovelacque, 75013 Paris. Vous recevrez gratuitement notre bulletin trimestriel À la Découverte.

Introduction

L'école occupe une place importante dans le débat public et chacun tente de s'en forger une opinion en fonction des finalités qui lui semblent essentielles. Cette institution demeure complexe, elle peut paraître opaque aux « usagers ». Enjeu décisif, elle suscite d'innombrables questions, notamment autour de trois thèmes : la crise du système scolaire, l'impact des réformes successives et les relations avec les systèmes d'emplois ou de production. Dans ces débats, la complexité des enjeux, l'ampleur des ambitions assignées à l'école donnent lieu à toute sorte de malentendus, qui viennent alimenter les multiples critiques adressées au système éducatif.

L'objet de cet ouvrage n'est pas de présenter une nouvelle analyse de ces problèmes, mais de fournir une description aussi complète que possible de l'organisation du système d'enseignement en France et de son mode de fonctionnement à chaque niveau d'études, tout en mettant en lumière les questions soulevées par les orientations récentes. Cette analyse, qui suit les trois niveaux distincts de scolarisation, débouche sur les principales interrogations qui traversent le système scolaire. Autrement dit, c'est le fonctionnement même du système scolaire qui est ici traité, ainsi que les relations qui s'établissent entre l'école et d'autres institutions (famille, entreprise, culture, etc.) et qui sont aujourd'hui au cœur des débats.

I / L'héritage du passé

L'organisation actuelle de l'enseignement français est fondée sur certaines traditions, sur des idées ou idéaux qui ont été à l'origine des réformes successives et qui ont façonné le modèle éducatif français actuel. Une réflexion rétrospective favorise la compréhension de la continuité des réformes, aide à évaluer les « survivances du passé », la hiérarchisation des filières ou l'importance des mécanismes d'orientation scolaire.

1. L'Ancien Régime

Quand on évoque l'importance de l'école dans la société française, on se réfère habituellement à un moment jugé décisif : l'adoption des lois de Jules Ferry (1881-1882), notamment celle de l'obligation scolaire. Or, le rôle de l'école, en France, ne résulte pas seulement de l'œuvre accompli par la République. Il semble plutôt remonter à la politique des Lumières. Les travaux des historiens [Furet, Ozouf, 1977]* ont montré que le point de départ de l'alphabétisation est donné sous l'Ancien Régime. Mais à la fin du XVIIIᵉ siècle, la France apparaît en retard par rapport à d'autres pays européens tels que l'Allemagne, et la IIIᵉ République cherchera à se doter de « l'instituteur prussien » instauré par Frédéric II. C'est qu'en France, jusqu'au XVIIᵉ siècle, l'école ne représente qu'un petit nombre d'établissements, les « petites écoles paroissiales », sous autorité épiscopale ou monastique. On y apprend essentiellement à lire et à prier, et parfois à écrire et à compter.

À partir du XVIᵉ siècle, l'imprimerie naissante, qui induit le besoin de lire, tout comme l'avènement de la religion réformée, qui prône la lecture personnelle de la Bible, favorisent l'alphabétisation et la

---

* Les références entre crochets renvoient à la bibliographie en fin d'ouvrage.

création des écoles. Le mouvement de la Contre-Réforme contribue également à l'instruction des enfants. L'Église fait de l'école un moyen pour lutter contre l'hérésie et moraliser la jeunesse. Les « petites écoles des Frères », créées par l'Église, sont gratuites, dotées de plusieurs maîtres, instaurent la répartition des élèves par groupes, formant les classes de niveaux d'âge et de connaissances. L'enseignement s'appuie sur la leçon et les exercices, sous la surveillance du maître qui distribue récompenses et punitions. C'est la préfiguration du modèle pédagogique de l'instruction publique. Dans les villes et les villages, les filles sont instruites dans les congrégations féminines. L'action de la Contre-Réforme et les critiques adressées aux « petites écoles » aboutissent à la Déclaration royale du 18 décembre 1698, qui instaure le principe d'une obligation scolaire sous l'égide de l'État et le contrôle de l'Église.

Les universités

À côté des écoles élémentaires, l'Ancien Régime a développé les universités créées dès le Moyen Âge (la plus ancienne, celle de Paris, a été créée en 1208-1209, suivie par celles de Montpellier (1220) et de Toulouse (1360). Les élèves qui savent lire et écrire et qui ont des connaissances en latin s'inscrivent dans les facultés des arts organisés en *trivium* (grammaire, rhétorique, dialectique et logique) et *quadrivium* (musique, arithmétique, géométrie, astronomie), les grades étant : baccalauréat, licence et maîtrise ès arts. L'obtention de la maîtrise permet l'accès aux trois facultés supérieures : théologie, droit et médecine. Celles-ci conduisaient au doctorat. Mais, dès le XVIe siècle, les universités connaissent un lent déclin dû à leur attachement à l'orthodoxie religieuse, au formalisme des études théologiques, à la pédagogie scolastique. Cela favorise la création du Collège royal par François Ier en 1530, sous l'inspiration de Guillaume Budé, devenu Collège de France en 1852.

Les collèges

Jusqu'au début du XVIe siècle, il n'existe, entre les universités et les écoles élémentaires, aucun type d'établissement d'instruction. Dans certaines grandes villes, on voit apparaître les « écoles de grammaire » qui enseignent le latin et préparent les élèves aux facultés des arts. Mais le succès des écoles des Frères aux Pays-Bas, comportant, dès le XVe siècle, des classes de la « huitième » à la « première », favorise leur installation en France. Les Jésuites, pour leur part, s'attachent à développer les collèges. Entre 1556, date de la création du premier collège jésuite à Billon (Auvergne), et 1640, la Compagnie de Jésus constitue un réseau de 70 établissements. D'autres congrégations (les Dominicains, par exemple) ouvrent également des collèges, uniquement réservés aux garçons. Le *Traité de l'éducation des filles* de Fénelon [1687] attire l'attention sur l'importance de l'instruction des filles pour leur moralité et leur sociabilité. Les congrégations féminines, notamment les Ursulines, ouvrent alors des pensionnats pour jeunes filles.

Mais, dès la seconde moitié du XVIIIe siècle, se fait jour une nouvelle idée des collèges. L'expulsion des Jésuites en 1762 favorise une révision de l'organisation et la question du contrôle de ces établissements est au centre des débats. L'idée d'une « éducation nationale » sous contrôle de la puissance publique est affirmée en termes « d'utilité générale et pour le bien de l'État », selon la Déclaration de Lamoignon, premier président du parlement de Paris (1783).

Les anciens collèges de Jésuites sont désormais contrôlés par l'administration sous la tutelle des cours de justice et des municipalités. Afin de garantir les niveaux de connaissances et de compétences des enseignants de ces établissements, le concours d'agrégation est créé en 1766.

Les dernières années de l'Ancien Régime voient l'élaboration d'un projet dont Condorcet puis la IIIe République se sont largement inspirés. Il se fixe comme objectif l'émancipation de l'esprit humain, critique sévèrement le réseau scolaire traditionnel développé par l'Église, et prône l'idée d'une école nationale assurée par le pouvoir d'État à travers une institution publique.

La formation de techniciens et d'ingénieurs

Les Frères des écoles chrétiennes s'impliquent également, au XVIIIe siècle, dans la formation de techniciens et la préparation à certains métiers qui échappent aux corporations. Ainsi sont créées les écoles de comptabilité, de dessin, des peintres et de graveurs.

La formation des militaires subit d'importantes modifications qui se traduisent par la création d'une École militaire à Paris (1751), suivie de 12 autres dans toute la France. En 1747, l'École des ponts et chaussées est créée et devient le modèle des grandes écoles, l'une des particularités du système français. En effet, elle institue le concours d'entrée, ce qui entraîne la création de classes préparatoires ; elle impose un programme assez chargé, l'assiduité obligatoire ainsi qu'un concours de sortie avec un classement, d'une importance capitale pour la carrière [Chartier, Julia, Compère, 1976 ; Compère, 1985 ; Furet et Ozouf, 1977 ; Gaulupeau, 1992].

2. De la Révolution à Jules Ferry

Sous l'influence des conceptions développées par les Lumières, les débats dans les assemblées révolutionnaires attestent l'intérêt que suscite l'enseignement, illustré par les écrits de Talleyrand, Condorcet, Lakanal et autres. L'idée s'impose que l'instruction permet de renforcer l'unité nationale. Le personnel religieux doit prêter serment et les congrégations sont interdites (1792). Les écoles militaires et les universités disparaissent (1793). Dès 1796, les « écoles centrales départementales » sont créées afin d'accueillir les élèves du secondaire. Inspirées par les idées de Condorcet, elles se veulent à l'opposé des anciens collèges : l'instruction religieuse y est abolie ; on supprime le programme et la répartition en classes. En même temps, la Convention développe les écoles d'ingénieurs, l'École centrale de travaux publics (1794) qui devient l'École polytechnique dont les élèves achèvent leur formation dans une « école d'application » (Mines, Ponts et Chaussées, Génie civil, etc.). Sont créées également les écoles de santé (l'ancienne faculté de médecine). Des établissements de recherche et d'enseignement sont ouverts : Muséum national d'histoire naturelle (ancien Jardin du roi), Conservatoire national des arts et métiers, Institut national des sciences et des arts.

L'Université

En 1802, la direction de l'Instruction publique supprime les « écoles centrales départementales » pour manque de rigueur et de discipline. À leur place sont créés deux types d'institution : les collèges relevant des communes ou du régime privé, et les lycées entretenus par l'État.

En 1806, l'Université impériale est créée : elle a le monopole de l'enseignement. Aucun établissement ne peut s'ouvrir en dehors d'elle et tous les établissements existants passent sous son contrôle. Elle est dirigée par un grand maître nommé par l'Empereur et assisté d'un conseil et d'un inspecteur général. Le découpage administratif du territoire aboutit à la création de 28 académies ayant à leur tête un recteur représentant du grand maître, assisté par un conseil académique et deux inspecteurs d'académie [Lelièvre, 1990]. L'organisation administrative au niveau national, de type pyramidal, est fortement hiérarchisée. Bien que ce modèle n'ait pas survécu au régime, il a profondément marqué le système éducatif (circonscriptions, titres d'administrateurs, hiérarchie).

L'enseignement secondaire

Les milieux confessionnels mènent une campagne contre le monopole et réclament la liberté des établissements privés. La loi votée en mars 1850, à l'instigation du ministre Falloux, établit la liberté de l'enseignement secondaire, ce qui entraîne l'essor de l'enseignement privé surtout confessionnel.

Depuis la création des lycées, en 1802, le latin est redevenu une discipline importante, d'où un retour de la querelle entre les classiques et les modernes. Ces débats mettent en cause la finalité de l'enseignement secondaire comme un modèle de formation qui n'est pas soumis à une utilité sociale immédiate. En 1852, le ministre Fourtoul tente de créer deux filières à l'issue de la classe de quatrième : latin-grec ou latin-sciences. Victor Duruy, en 1865, abolit cette distinction et introduit de nouvelles disciplines (histoire contemporaine, langues vivantes). Les collèges catholiques connaissent un vif succès auprès des familles. Les Jésuites reviennent et ouvrent 27 collèges (1870) qui bénéficient d'un accueil favorable et de la renommée de leur institution.

Victor Duruy, en 1867, institue les cours secondaires pour jeunes filles. Il s'agit d'un cycle de quatre ans centré sur la littérature française, les langues vivantes et le dessin. Mais seules quelques municipalités progressistes assurent ces cours, qui seront abolis sous le second Empire.

L'école élémentaire

L'école primaire bénéficie d'une attention particulière au lendemain de la Révolution. En avril 1792, Condorcet présente un plan de développement de l'école primaire, dont le but essentiel est de transmettre au peuple les idées des Lumières.

Il préconise une école laïque et gratuite, l'égalité des sexes devant l'instruction et un programme important (lecture, écriture, arithmétique, notions de grammaire, arpentage, morale, leçons de choses). Puis le projet défendu par Le Pelletier de Saint-Fargeau prévoit l'internat obligatoire de cinq à onze ans pour les garçons et pour les filles, l'introduction de l'exercice physique et de la formation civique. Cependant, dès 1794, le projet de l'obligation scolaire est abandonné. Les écoles primaires sont confiées à l'autorité locale. Cet échec est dû au manque de moyens, mais aussi à l'hostilité des familles. Le retour des congrégations enseignantes permet la réinstallation des écoles des Frères. Il est vrai que l'éducation du peuple ne fait pas l'unanimité y compris parmi les responsables politiques de l'époque. Mais il existe, par ailleurs, une demande croissante, et l'État cherche donc à favoriser la multiplication des établissements et à leur imposer un contrôle réglementaire. Il fixe quelques principes relatifs à l'instruction primaire : respect de la loi, de la souveraineté de l'État, exigence d'une compétence minimale des instituteurs. En 1816, l'État institue à leur égard un brevet de capacité, attribué d'office aux membres des congrégations.

Avec la loi de juin 1833, dite loi Guizot, l'État essaie d'intervenir dans l'organisation de l'école primaire. Toute commune ayant plus de 500 habitants est tenue d'entretenir une école publique. Les enseignements doivent inclure l'instruction morale et religieuse, la lecture, l'écriture, les éléments de la langue française, les notions de calcul, le système de poids et mesures. Les brevets de capacité sont remaniés et on prévoit la création d'une école normale par département. Guizot, pour harmoniser l'enseignement, décide de faire rédiger et diffuser une série de manuels scolaires ; il crée enfin un corps d'inspecteurs primaires.

Avec la IIe République (février 1848) et l'instauration du suffrage universel pour les hommes, les instituteurs sont appelés à « incarner les idéaux de la République », selon les vœux du ministre de l'Instruction publique, Hippolyte Carnot. Celui-ci souhaite rendre effective l'instruction gratuite, obligatoire et laïque, et ouvrir des écoles pour les filles.

La proclamation de la IIIe République (1870) permet un large débat sur la refonte du système éducatif. Jules Ferry voit dans l'éducation l'action prioritaire à mener après la débâcle de 1870. Les lois de 1881 et 1882 instaurent l'école obligatoire, laïque et gratuite, l'enseignement religieux étant remplacé par l'instruction morale et civique. Dans un climat de forte tension entre républicains et cléricaux, la formation des maîtres est un enjeu décisif. Selon la loi de 1879, chaque département est obligé d'avoir une école normale de filles comme il en existe déjà pour les garçons [Delsaut, 1992]. La création d'écoles normales supérieures chargées de former les professeurs des écoles normales départementales, à Fontenay (1880) pour les filles et à Saint-Cloud (1882) pour les garçons, confirme l'importance accordée au corps enseignant des écoles élémentaires.

Les instituteurs comme les normaliens — « de bons élèves d'origine modeste », le plus souvent rurale — reçoivent une formation en systèmes d'internats assimilés à des « séminaires laïques », où ils doivent être « imprégnés du sens de leur mission ». Ces élèves-maîtres, bénéficiant d'une promotion sociale par l'école, sont censés adhérer à ses valeurs et propager ses idéaux [Muel, 1977]. Entre 1880 et 1900, l'école élémentaire touche la quasi-totalité des enfants scolarisables [Furet, Ozouf, 1977].

L'école est obligatoire de six à treize ans. Le certificat d'études primaires préconisé par Guizot est rendu effectif en 1882. C'est un examen sélectif. Son taux de réussite est encore mal connu ; une étude effectuée dans la région de la Somme indique qu'un élève sur cinq a le CEP*, en 1882 ; un sur trois en 1905 et un sur deux en 1935 [Lelièvre, 1990]. Jusqu'aux années cinquante, ce certificat bénéficie d'un prestige populaire non seulement par sa valeur sur le marché du travail, mais comme un signe de distinction sociale.

Primaire et secondaire : deux réseaux parallèles

Si l'enseignement primaire semble à ce point monopoliser les efforts de la IIIe République, cela résulte sans doute d'une volonté de rattraper le retard accumulé par la France par rapport à d'autres pays tels que l'Allemagne et la Suède qui ont très tôt mis en place une scolarisation générale au niveau primaire. La conscience de ce retard explique également le souci de développer les universités [Karady, 1973 ; Prost, 1968]. Quant à l'enseignement secondaire, il est loin d'être comparable aux *public schools* anglaises ou aux *gymnasium* allemands.

Le système d'enseignement français actuel apparaît organisé formellement en cycles ou degrés différents, dont l'ordre est déterminé à la fois par l'âge des élèves et par le niveau scolaire qu'ils ont atteint. La distinction entre primaire et secondaire semble correspondre à deux étapes d'une même formation. Or, sous la IIIe République, les enseignements primaire et secondaire constituent des réseaux parallèles pourvus d'un cursus complet d'éducation et d'instruction. L'articulation entre les deux ne deviendra effective qu'après la Seconde Guerre mondiale, favorisant ainsi la démocratisation de l'enseignement [Prost, 1992].

L'enseignement primaire comprend un système complet : la scolarité obligatoire, sanctionnée par un certificat d'études primaires, ainsi qu'un enseignement primaire supérieur dispensé dans les écoles primaires supérieures ou les cours complémentaires. Cet enseignement, à but pratique, constitue le vivier des écoles normales d'instituteurs [Briand, Chapoulie, 1992].

Dans l'enseignement secondaire, payant et peu favorisé par le système de bourses, la promotion des élèves d'origine modeste est rare. On va au lycée pour acquérir non pas des connaissances utiles, mais des connaissances générales permettant la poursuite des études supérieures. Cet enseignement demeure d'ailleurs inaccessible au peuple par ses exigences de niveau. C'est la « barrière du baccalauréat » dont Edmond Goblot [1925] explique toute la signification en France.

---

* Une liste des sigles utilisés se trouve à la fin de l'ouvrage.

Cette coupure entre enseignement primaire et enseignement secondaire a eu des conséquences non négligeables dans l'organisation et le fonctionnement du système éducatif français.

L'enseignement secondaire, pensé en termes d'obtention du baccalauréat, est centré sur la notion d'instruction, d'acquisition de connaissances non utilitaires mais suffisantes pour distinguer le jeune « cultivé ». Cela a sans aucun doute contribué à renforcer la prédominance de l'instruction dont un faible développement des activités socio-éducatives, un certain dédain des professeurs pour la psychologie ou pour toute autre forme d'enseignement qui ne serait pas fondé sur le développement verbo-conceptuel.

Dans cette perspective d'un enseignement secondaire appelé avant tout à valoriser l'instruction, les enseignants des lycées affichent une indifférence, voire une méfiance, à l'égard de la pédagogie. Contrairement aux instituteurs dont la pratique professionnelle est orientée vers une pédagogie associant une pratique d'enseignants et d'éducateurs, les professeurs de lycées, issus des universités, sont plutôt spécialisés dans une discipline. Les titulaires d'une agrégation tendent à mettre en avant les qualités exigées par ce concours, l'esprit brillant et l'aisance de l'expression, au détriment de la pédagogie. Et, de fait, dans l'institution scolaire française, les questions de pédagogie ou de nouvelles techniques d'apprentissage ont, comme le souligne Alfred Binet [1909], été renvoyées à l'éducation spécialisée, autrement dit aux élèves en difficulté.

D'ailleurs, l'idée de cet enseignement et les exigences de sa diversification sont à l'origine d'une série de réformes, allant de 1880 à 1902, qui aboutit à la constitution de deux types d'enseignement secondaire : classique et moderne. Dès 1880, l'enseignement secondaire connaît deux filières : l'une littéraire, préparant au baccalauréat ès lettres, et l'autre organisée en fonction de la préparation aux grandes écoles ou au baccalauréat ès sciences. L'arrêté de 1890 essaie d'unifier cet enseignement en supprimant les deux baccalauréats. L'enseignement assuré en première partie (les quatre premières années) est commun à tous les élèves tandis que la seconde partie (les trois dernières années) prépare à deux sections : philosophie et mathématiques.

La réforme de 1902 représente un changement important : elle institue la coordination entre l'enseignement primaire et l'enseignement secondaire. Elle supprime l'enseignement spécial créé pour les élèves peu préparés aux humanités classiques, destinés à entrer directement dans la vie active. Cette clientèle particulière des collèges et des lycées n'a pas pour autant cessé de s'accroître depuis 1880 et son enseignement sera intégré en tant que filière des collèges. Cette réforme instaure la diversification de l'enseignement secondaire entre le classique et le moderne. L'enseignement classique est organisé à partir de la classe de seconde en trois sections : latin-grec (A), latin-langues (B), latin-sciences (C). L'enseignement moderne, section langues-sciences (D), est destiné à ceux qui ont suivi un premier cycle sans latin [Prost, 1968]. Cette réforme, qui a soulevé un large débat à l'intérieur de l'institution scolaire, est analysée par Durkheim dans ses conférences de 1904, reprises dans son ouvrage l'*Évolution pédagogique en France* [1938].

3. L'école contemporaine

Au lendemain de la Grande Guerre, un groupe d'universitaires lance une campagne pour reconstruire l'école. Le manifeste qu'ils publient en 1918 *(L'Université nouvelle)* prône la nécessité de donner à tous la même formation de base. C'est le projet de l'« école unique » visant à regrouper dans les mêmes établissements les élèves de la communale et ceux des petites classes des lycées qui accueillent les enfants de la bourgeoisie. Ce projet prévoit l'élévation du niveau général d'instruction, la prolongation de la scolarité obligatoire à quatorze ans (soit un allongement des études élémentaires). De ce fait, l'orientation s'effectuerait sur la base des résultats scolaires selon les idées de la démocratisation de l'enseignement et de la sélection par le mérite [Prost, 1981]. L'école unique devient le centre de controverses. Les conservateurs et les milieux cléricaux craignent qu'elle ne raréfie la main-d'œuvre pour le travail manuel, qu'elle ne favorise l'exode rural ou encore qu'elle ne multiplie les déracinés et déclassés. Cependant, afin de rendre l'enseignement secondaire accessible à un plus grand nombre d'élèves, la gratuité pour le premier cycle secondaire est inscrite dans la loi des finances de 1927, puis pour les lycées dans celle de 1930 [Prost, 1968].

L'école unique divise également les personnels de l'enseignement et leurs organisations. Elle constitue l'un des points de discorde entre les diverses associations ou amicales des instituteurs qui apparaissent dès la fin du siècle. Entre les instituteurs qui ont adhéré à la CGT par solidarité avec la classe ouvrière, et ceux du courant syndicaliste-révolutionnaire qui ont lancé le mouvement « Émancipation de l'instituteur » (1903) soutenu par une revue, *L'École émancipée* (1910). La guerre de 1914-1918 marque une pause dans ces dissensions et, en septembre 1919, le courant réformiste de Léon Jouhaux (CGT) se transforme en Syndicat national des instituteurs (SNI). Celui-ci réclame l'extension du modèle primaire pour l'enseignement obligatoire jusqu'à quatorze ans, suscitant la vigoureuse opposition de la plupart des professeurs du secondaire, de leurs syndicats et de leurs représentants au Conseil supérieur de l'instruction publique, qui voient dans ce projet une dévaluation des études secondaires.

En 1926, les classes élémentaires du secondaire sont intégrées dans l'enseignement primaire, mais cette réforme est loin de faire l'unanimité, y compris chez les parents d'élèves. En effet, certaines familles refusent de voir leurs enfants fréquenter les écoles communales où sont scolarisés les enfants de milieu modeste.

Le gouvernement de Vichy, quant à lui, supprime les écoles normales primaires : les instituteurs seront formés dans les instituts de formation professionnelle créés en 1940. Les élèves-maîtres préparent alors le baccalauréat dans les lycées et reçoivent ensuite, pendant un an, une formation professionnelle dans ces instituts. À la même époque, en vue de favoriser l'enseignement professionnel et technique, on transforme les écoles primaires supérieures ainsi que les écoles professionnelles de commerce et de l'industrie en centres de formation professionnelle [Prost, 1968]. Paradoxalement, en s'attaquant à l'enseignement primaire supérieur laïque, le gouvernement de Vichy crée une école moyenne. D'une part, il rend accessible un certain type d'enseignement secondaire à des enfants issus de couches modestes ou de la petite bourgeoisie et, d'autre part, il procède à la création de filières dans l'enseignement secondaire (enseignement général et enseignement technique), dont la hiérarchisation persiste de nos jours [Lelièvre, 1990].

C'est sous la Ve République que l'expansion scolaire connaît son apogée : on construit des écoles à un rythme accéléré. La réforme de 1959 puis celle de 1975, dite loi Haby, transforment profondément l'organisation des études et celle des établissements ainsi que leur régime juridique et leur mode de gestion. Nous y reviendrons lors de l'analyse des divers niveaux d'enseignement.

La mixité scolaire

Les écoles maternelles sont mixtes depuis leur création, les écoles primaires supérieures des petites villes le sont dès le début de la IIIe Réplique. Dans les petites communes, l'école primaire est le plus souvent mixte. Mais depuis l'Ancien Régime, les réglementations successives telles que les lois Guizot, Falloux ou Ferry n'ont jamais remis en cause le principe de la scolarisation des filles et des garçons dans des lieux spécifiques. En ce qui concerne le personnel enseignant, dès la création du secondaire féminin d'État, le monopole des enseignantes femmes est adopté. Cependant, l'administration tend à confier les classes terminales des lycées aux enseignants hommes. Dans la période postérieure à la Première Guerre mondiale, la question de la mixité se pose, motivée notamment par les difficultés de recrutement des personnels des petits établissements.

En 1924, une circulaire autorise les jeunes filles à suivre certaines classes dans les lycées de garçons lorsque celles-ci ne sont pas assurées dans les établissements féminins locaux. Puis, par la suite des difficultés financières entraînées par l'ouverture de collèges ou de lycées de filles, une circulaire de 1926 autorise la mixité dans les établissements secondaires masculins de moins de 150 élèves. Toujours à cause de la pénurie des locaux, les chefs d'établissement sont amenés à admettre des élèves des deux sexes dans les mêmes locaux. La circulaire du 3 juillet 1957, constatant cette situation de fait, admet la mixité dans les salles de cours, mais préconise la création de lieux distincts tels que foyers, salles de lecture, salles à manger, infirmerie, dortoirs, vestiaires et sanitaires. Il est également recommandé que l'équipe enseignante et administrative soit mixte.

Bien que les filières d'études soient les mêmes pour les garçons et pour les filles, tout comme les programmes et les examens, la pratique de la mixité reste marginale dans l'enseignement secondaire jusqu'à la fin des années cinquante.

Lors de la création des CES (collèges d'enseignement secondaire) en 1963, la mixité est prévue comme régime normal. La circulaire du 15 juin 1965 institue la mixité dans les établissements d'enseignement élémentaire. En 1965, les orientations insistent sur « l'égalité d'accès des filles et des garçons aux enseignements techniques et professionnels à tous les niveaux ». Il se dessine d'ailleurs une politique volontariste qui tend à inciter les familles à orienter les filles vers les formations techniques. À partir de 1967, des campagnes d'information ou d'orientation visent à attirer les filles vers des métiers ou professions exigeant une maîtrise de connaissances et de pratiques techniques. La loi Haby (1975) reprend l'obligation de mixité de l'enseignement. Cela dans le souci d'une « égalité des chances » dans la réussite scolaire des filles et des garçons, placés dans les mêmes établissements. Mais il faut attendre la circulaire du 22 juillet 1982 pour que la mixité soit explicitement réaffirmée comme finalité égalitariste et de « lutte contre les préjugés sexistes », comme volonté de changer les mentalités et supprimer les discriminations à l'égard des femmes [Lelièvre et Lelièvre, 1991 ; Mayeur, 1979].

La scolarisation des filles

Les années quatre-vingt voient un développement important des scolarités féminines, notamment dans l'enseignement supérieur et secondaire.

Certes, la proportion des filles dans la population étudiante n'a cessé de s'accroître depuis le début du siècle : en 1900, elles ne représentaient que 2,3 % des étudiants ; trente ans après, elles constituaient plus d'un quart des effectifs des universités (26 % en 1930). Dans la période d'après-guerre, il faut attendre le début des années soixante pour retrouver cette proportion. En 1975, les filles représentent la moitié des effectifs étudiants ; et en 1998, elles atteignent 56 %. Mais cette progression n'efface pas les inégalités d'orientation. Les filles restent minoritaires dans l'enseignement scientifique, dans les classes préparatoires aux grandes écoles, dans les sections industrielles des IUT, cantonnées dans les filières dont les débouchés professionnels, métiers ou fonctions sont traditionnellement attribués aux femmes (enseignement, santé, relations). Ainsi, dans les professions de la santé, les hommes sont majoritaires en médecine tandis que les femmes le sont en pharmacie. Cependant on observe la percée des filles dans les études universitaires de droit ou de sciences économiques. Dans les grandes écoles, la fin des années quatre-vingt a vu progresser nettement le nombre de filles à HEC où, depuis 1987, elles représentent la moitié des effectifs.

Cette avancée des filles dans les études supérieures peut s'expliquer par la croissance importante des effectifs féminins dans l'enseignement secondaire. Mais là aussi, on observe une forte inégalité dans l'accès aux sections de baccalauréat les plus prestigieuses : en 1998, elles ne représentaient que 41 % dans la section S, mais elles dépassaient 80 % dans la section L. Dans l'enseignement technologique, elles représentaient 64 % des effectifs préparant un baccalauréat technique STT (secrétariat, comptabilité ou commerce), mais moins de 6 % dans les sections STI (formation à dominante industrielle, techniques et informatiques) [Baudelot, Establet, 1990 ; Repères et références statistiques, 1998].

L'enseignement privé

L'école, dans les conceptions de la IIIᵉ République, représente, tout comme l'armée, un facteur d'unification. D'où l'élimination des langues régionales, mais aussi l'exclusion du fait religieux. L'obligation scolaire du début des années 1880 suppose que les familles restent libres de donner à leurs enfants une éducation religieuse. Cependant, entre 1880 et 1914, la question religieuse devient le centre de débats politiques [Prost, 1982]. L'Église revendique un pouvoir sur l'école au nom de sa « mission » à former les esprits. Elle défend la diversité d'enseignement religieux relevant d'autres croyances, même si elle détient plus de 90 % des écoles privées.

Pour les républicains, en revanche, la lutte anticléricale ou antireligieuse est à l'ordre du jour, dans une fidélité aux idéaux de 1789. Cette hostilité atteint son apogée dans la politique menée par le ministre Combes avec l'affirmation des droits de l'État (1904).

Les années qui suivent la Première Guerre mondiale ouvrent une période de relatif apaisement religieux. D'une part, les représentants des partis politiques de gauche considèrent comme prioritaires les questions économiques et sociales, délaissant ainsi la question religieuse. D'autre part, dès 1929, l'Église admet le droit de l'État sur l'enseignement. Ainsi, jusqu'au début de la Seconde Guerre

mondiale, le SNI (Syndicat national des instituteurs) revendique le monopole de l'éducation par l'État et l'Église ne réclame que la liberté d'assurer son enseignement sans pour autant bénéficier de subsides pour ses institutions.

Pendant la période de Vichy, sans remettre en cause les lois laïques, l'État accorde des subventions aux écoles privées, mais sur le budget du ministère de l'Intérieur et non pas celui de l'Éducation nationale.

L'après-guerre et la question du choix de l'école

La querelle scolaire se ravive à partir de 1945. En 1951, les lois Marie et Barangé accordent des bourses aux élèves des écoles privées.

Puis la loi Debré (1959), avec l'intention affichée de répondre à l'élargissement du public scolarisé et d'apaiser les « querelles des partis politiques », propose le « contrat d'association » qui implique la prise en charge par l'État de la rémunération des enseignants et des dépenses de l'externat (le « forfait externat »). Depuis, le corps enseignant des collèges privés s'est renouvelé, car ce régime de contrat permet le recrutement d'enseignants ayant la même formation que ceux du secteur public. En contrepartie, l'État exerce un contrôle sur l'enseignement du secteur privé. La loi Guermeur (1977) ne fera qu'accentuer la prise en charge de l'État (rémunération des enseignants) et permettre une plus grande autonomie des établissements [Prost, 1992]. Cependant, du point de vue quantitatif, l'enseignement privé n'a cessé de voir diminuer ses effectifs. Si, en 1925, les écoles privées accueillaient 20 % de l'ensemble des effectifs, la proportion tombe à 15 % en 1992, pour connaître, depuis 1995, une lente évolution et atteindre en 1998 le taux de 21 %.

L'école privée a néanmoins un recrutement contrasté. Si, au niveau de l'enseignement primaire, l'origine sociale des élèves est comparable à celle de l'école publique, il en va autrement pour l'enseignement secondaire, notamment au lycée. L'écart des différenciations sociales se creuse à mesure que l'on s'élève dans le niveau scolaire. En 1980, sont scolarisés dans l'enseignement privé 50 % des enfants d'industriels, 35 % des enfants d'agriculteurs, 33 % des enfants des cadres supérieurs et des professions libérales, mais à peine 14 % des enfants d'ouvriers et 18 % des enfants d'employés [Prost, 1992]. Cette distribution sociale se confirme en 1997 mais la proportion de familles utilisant exclusivement ou partiellement le secteur privé augmente car 49 % d'entre elles déclarent y scolariser l'un de leurs enfants au moins [Langoët, Léger, 1997].

Les motivations qui conduisent les familles à scolariser leurs enfants dans un établissement privé se sont profondément modifiées. Jusqu'aux années cinquante, les parents choisissaient l'école privée par hostilité à l'égard de l'école laïque de l'État, mais ce facteur religieux tend à s'estomper. La plupart des écoles privées n'assurent, en réalité, aucun enseignement religieux, celui-ci étant confié aux paroisses [Bonvin, 1982]. D'ailleurs, les raisons religieuses ne jouent plus un rôle déterminant car, dans la société française, la religion n'est plus un facteur important de convictions ou de pratiques. En fait, l'école privée est devenue celle de la « seconde chance », un refuge contre une décision d'orientation ou pour échapper à la carte scolaire. Ce sont les raisons pédagogiques, selon une enquête de l'IFOP [1982], qui passent au premier plan lorsque les parents choisissent une école privée. Elles font référence à la possibilité d'un suivi pédagogique renforcé, à la discipline, à la qualité des enseignants et des relations parents-élèves, à des méthodes pédagogiques originales, à la proximité du lieu de domicile. Puis sont cités en second une « meilleure formation humaine et morale », le fait que « l'on s'occupe mieux des enfants » (enquête citée par Prost [1992]).

L'importance accrue de la carrière scolaire et des diplômes a incité les familles à s'orienter vers un type d'enseignement qui garantit les meilleurs résultats, notamment en vue de l'obtention du baccalauréat. C'est ainsi que le passage de l'enseignement public vers le privé s'effectue lors de l'entrée en sixième et surtout en seconde : 10 % des élèves des établissements privés sont issus d'une classe de troisième du secteur public.

L'enseignement privé offre une grande diversité d'institutions : de l'école primaire ou collège de quartier aux établissements qui se caractérisent par une pédagogie novatrice ; des internats pour les élèves « à problèmes » d'origine sociale aisée aux établissements qui représentent un recours pour ceux qui « ne peuvent pas » échouer au baccalauréat. En somme, l'enseignement privé apparaît aujourd'hui comme orienté vers une clientèle bien précise qu'il s'efforce de satisfaire par une « offre scolaire » diversifiée. D'où sa revendication au « droit à la différence », au droit à « l'école libre », exigences soutenues, en 1984 par les familles [Ballion, 1980 ; Bonvin, 1979 ; Langoët, Léger, 1997 ; Prost, 1992 ; Dutercq, 2000].

II / Les moyens : administration, personnels et budget

Le système d'enseignement est une composante essentielle de la société française. Près d'un Français sur quatre fréquente un établissement scolaire ou supérieur, et près d'un actif sur dix-huit relève du ministère de l'Éducation nationale. Le système éducatif constitue un vaste réseau présent sur tout le territoire : 59 000 écoles élémentaires et plus de 11 000 établissements, publics et privés, du second degré.

1. Structures administratives

Le ministère de l'Éducation nationale est géographiquement divisé en vingt-huit académies (dont trois des DOM-TOM). L'académie a son siège dans la capitale régionale et est dirigée par un recteur, nommé en Conseil des ministres. Il est secondé par un secrétaire général, des conseillers techniques et des inspecteurs.

Le ministère de l'Éducation nationale compte sur un enseignement à distance (CNED) créé en 1939 (afin de scolariser les enfants déplacés pendant la guerre). Actuellement, il assure la préparation des examens à tous les diplômes d'enseignement (du primaire au supérieur) ainsi qu'à la préparation aux concours de recrutement de la fonction publique. La rédaction des cours et des exercices ainsi que leur correction sont assurées par des titulaires de l'école publique. En 2003, on comptait un peu plus de 350 000 inscrits au CNED.

Depuis la loi-cadre de décentralisation du 2 mars 1982, les compétences en matière d'éducation sont réparties entre l'État et les collectivités locales. L'État est maître d'œuvre pour l'élaboration des programmes, la structure et les parcours de formation, la gestion et la rémunération des personnels, pour la création des postes,

Le système éducatif

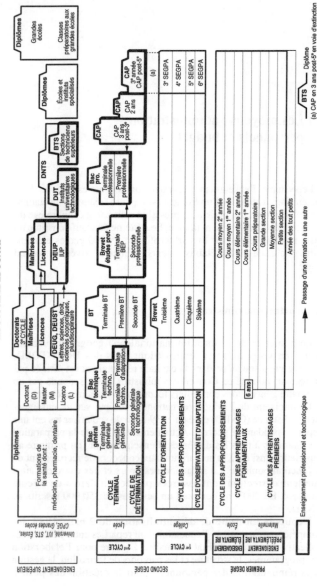

Chaque case représente 1 année d'étude, sauf pour l'enseignement préélémentaire (de 2 à 5 ans) et pour l'enseignement supérieur.

→ Passage d'une formation à une autre

Enseignement professionnel et technologique

(a) CAP en 3 ans post-5e en voie d'extinction

Source : MEN-RERS. 1998.

18

l'ouverture ou la fermeture des classes, les dotations de matériels didactiques, pour l'enseignement supérieur.

Les collectivités locales sont chargées d'évaluer les besoins, de construire, d'entretenir et de rénover les locaux ; de déterminer les objectifs et de proposer un schéma prévisionnel des formations élaborées par le conseil régional ; d'organiser les transports et cantines scolaires. La région a la responsabilité des lycées ; le département, celle des collèges ; et la commune, celle des écoles. Les collectivités locales sont en outre responsables de l'acquisition des équipements techniques, elles doivent participer financièrement aux projets d'action éducative des établissements, assurer la rémunération des enseignants vacataires pour les enseignements artistiques, sportifs ou de langues au niveau primaire.

2. Les personnels de l'Éducation nationale

À l'Éducation nationale, près des trois quarts des personnels, sont des enseignants (74 % en 2002). Le taux de féminisation est important (64 %), notamment dans l'enseignement du premier degré (79 %). Selon leur statut, les personnels du MEN sont regroupés en quatre catégories : A : fonctions d'encadrement, de conception, de direction ; B : fonctions d'application ; C et D : fonctions d'exécution.

On distingue les instituteurs ou professeurs des écoles et autres enseignants du premier degré chargés de classes (y compris les directeurs d'école) ; les enseignants du second degré, non compris le personnel de direction et d'éducation (chef d'établissement, conseillers d'éducation, maîtres d'internat, surveillants d'externat) ; les enseignants du supérieur ; les enseignants et élèves-enseignants des établissements de formation.

Les personnels non enseignants correspondent à ceux exerçant des emplois de direction, d'administration, d'éducation, ainsi que les personnels ouvriers et de service de santé et sociaux rémunérés par le ministère de l'Éducation nationale.

Les enseignants du premier degré

Ils représentaient, en 2002, près de 320 000 agents exerçant leur métier de professeur d'école dans l'enseignement élémentaire (maternelle et primaire). En maternelle, sont scolarisés des enfants de deux à six ans. L'objectif de cet enseignement étant l'éveil psychomoteur, social et culturel, les activités proposées sont à caractère ludique pour les petites et moyennes sections (2-5 ans). Dès la grande section (5-6 ans), les enfants abordent l'écriture et la

	Enseignants			Non-enseignants			Total
	Titulaires	Non-titulaires	Total	Titulaires	Non-titulaires	Total	Général
Effectif total	826 639	35 968	862 607	244 734	63 695	308 429	1 171 036
% femmes	64 %	55 %	59,5 %	65 %	64 %	61 %	64 %
% temps partiel	6,5 %	15 %	7 %	12 %	41 %	18 %	10 %

Source : MEN-DPD, 2003. Note d'information, n° 38.

	Enseignants	Non-enseignants	Total
Établissements du premier degré	317 293	—	317 293
Établissements du second degré	428 925	219 230	648 155
Établissements du supérieur	74 094	49 622	123 714
Établissements de formation	42 295	3 895	46 190
Administration centrale et services académiques		35 882	35 882
TOTAL	862 607	308 429	1 171 036

Source : MEN-RERS, 2003. Note d'information, n° 38.

lecture à travers l'expression graphique et verbale. À l'école primaire, l'enseignant assure les apprentissages fondamentaux (lecture, écriture, calcul) et l'acquisition de méthodes de travail, ainsi que le développement de la pensée logique.

Depuis 1990, les IUFM (instituts universitaires de formation des maîtres) ont pris le relais des écoles normales primaires, des centres de formation des enseignants du second degré et des écoles normales nationales d'apprentissage qui formaient les professeurs de l'enseignement professionnel.

L'accès aux IUFM demande aux candidats le niveau bac + 3 (licence) et ils sont admis sur concours. L'admission en première année d'IUFM s'effectue soit en tant qu'allocataire (entre 7 150 et 10 000 euros par an) soit en auditeur libre. Le nombre d'admis est en fonction du nombre de postes ouverts. À la fin de la première année de formation, le concours de recrutement d'enseignants permet la préparation au concours spécifique (professeur d'école ou les différents concours pour le second degré). En seconde année de formation, ceux qui ont réussi les épreuves de recrutement sont nommés professeurs-stagiaires. Ils reçoivent alors une formation à caractère professionnel fondée sur les pratiques en milieu scolaire, leur analyse et des apports théoriques. À l'issue de la seconde année, la certification finale est délivrée, établie par un jury composé de membres de l'Éducation nationale (corps d'inspection, enseignants des IUFM et universitaires). Cette certification assure la titularisation.

LES ENSEIGNANTS DU PREMIER DEGRÉ
France sans TOM — Public au 31 janvier 2002

	Effectifs	Âge moyen	% de femmes	% de temps partiel
Professeur des écoles	107 750	40	79	7
Instituteurs spécialisés	19 788	42	64	3
Instituteurs	175 138	42	65	6
TOTAL	302 676	41	78	6

Source : MEN, 2003. Note d'information, n° 38.

La carrière indiciaire des professeurs d'école comporte onze échelons et une hors-classe divisée en six échelons. Au début de carrière, pour un service hebdomadaire de 27 heures, ils sont alignés à l'indice brut 379, soit, à Paris, hors primes, environ 1 523 euros nets mensuels, et en fin de carrière l'indice 901 hors classe, soit environ 3 209 euros nets mensuels (dans certains cas).

Pendant leur carrière, des spécialisations ou des promotions sont possibles :

— directeur d'école : il faut avoir accompli au moins trois ans de service et être inscrit sur une liste d'aptitude ;

— psychologue scolaire : avoir justifié l'exercice de trois ans d'enseignement, être titulaire d'une licence de psychologie et avoir suivi un cycle théorique de formation d'un an ;

— inspecteur de l'Éducation nationale : avoir exercé au moins cinq ans l'activité d'enseignant, être titulaire d'une licence et réussir un concours d'accès au corps d'inspection ;

— professeur des écoles spécialisées : avoir exercé trois ans l'activité d'enseignant et préparer le certificat d'aptitude aux actions pédagogiques spécialisées d'adaptation et d'intégration scolaire (CAPSAIS) ;

— conseiller d'orientation pédagogique : accès par concours aux titulaires d'une licence en psychologie ;

— détachement dans certains postes de la Fonction publique tel le CRDP.

Les professeurs des collèges et lycées. — Ils représentent près de 400 000 agents exerçant leur profession dans les collèges pour la moitié d'entre eux, dans les lycées pour un tiers et pour les 17 % restants, dans les lycées professionnels.

Selon leur grade, ils peuvent être :

— PEGC, dont le recrutement a été arrêté en 1986. Il s'agissait d'anciens instituteurs ayant effectué des études supérieures (licence) ;

— professeurs certifiés, titulaires du CAPES.

Ils sont recrutés par concours. Après l'obtention du CAPES, ouvert aux titulaires d'une licence ou équivalent, une année de formation initiale sanctionnée par le CAPES pratique permet l'accès au corps de professeurs certifiés. Ils exercent leur fonction dans des collèges ou lycées d'enseignement général ou technologique, dans les disciplines littéraires, scientifiques, économiques ou artistiques.

Le taux de réussite au CAPES varie selon les disciplines. Ainsi, dans les disciplines scientifiques (mathématiques ou sciences, par exemple), un candidat sur deux est reçu à ce concours. Ce taux élevé s'explique par le faible nombre de candidats se présentant aux épreuves et les difficultés de recrutement dans ces matières.

Les titulaires du CAPET enseignent dans les sections techniques des lycées. Le CAPET existe dans 12 disciplines comportant 29 options réparties entre le secteur industriel et le secteur tertiaire. Les titulaires du CAPEPS (certificat d'aptitude au professorat de l'enseignement sportif) enseignent l'éducation physique et sportive.

Depuis 1990, existe un CAPES de documentaliste. Les documentalistes exercent leur fonction dans un centre de documentation et d'information (CDI), assurant la gestion des fonds documentaires, des conseils ou l'assistance aux usagers ou l'aide individualisée aux élèves. La durée hebdomadaire de leur travail est de 32 heures.

Les professeurs certifiés assurent 18 heures hebdomadaires (20 heures pour les professeurs d'arts plastiques et d'éducation musicale). Le corps des certifiés comporte une classe « normale » divisée en 11 échelons et une « hors-classe » avec 6 échelons. Au début de carrière, les professeurs certifiés sont à l'indice 379, ce qui représente, à Paris, un traitement net mensuel de 1 523 euros (hors primes). En fin de carrière et hors classe, ils peuvent atteindre l'indice 901, soit 3 209 euros (hors primes) de traitement net. Diverses promotions à l'intérieur du corps enseignant ou dans d'autres fonctions sont accessibles par concours interne ou par liste d'aptitude (agrégation, chef d'établissement, inspecteur de l'Éducation nationale).

Les professeurs de lycée professionnel (PLP). — Ils enseignent dans les lycées professionnels dans les classes conduisant au CAP, BEP et baccalauréat professionnel. Selon leur spécialité, ils assurent l'enseignement de disciplines générales (mathématiques-sciences, lettres-histoire, langues vivantes-lettres), artistiques, disciplines professionnelles théoriques et pratiques. Ils sont formés dans les IUFM, mais ils doivent avoir un diplôme de premier cycle de type technicien supérieur (BTS ou DUT) et une licence.

Ils bénéficient des conditions des élèves-professeurs des IUFM. La première année est réservée à la préparation au concours (PLP2) et la seconde année à la préparation à l'exercice du métier d'enseignant, par une alternance de cours théoriques, stages et actions sur le terrain. La formation est alors sanctionnée par une certification finale et la titularisation. Les PLP2 peuvent ainsi se présenter au concours externe ouvert également aux professionnels titulaires d'un BTS ou d'un DUT et ayant cinq ans d'expérience professionnelle.

Les PLP2 doivent 18 heures hebdomadaires pour l'enseignement général et 23 heures pour les disciplines professionnelles et pratiques. Ces enseignants peuvent avoir accès à d'autres fonctions : chef de travaux (organisation des enseignements technologiques en atelier), chef d'établissement. Leurs traitements sont alignés sur ceux des certifiés.

Les professeurs agrégés. — Les concours d'agrégation sont ouverts aux titulaires d'une maîtrise. Le professeur agrégé enseigne essentiellement dans les lycées, parfois en collège. Il peut exercer également dans les CPGE (classes préparatoires aux grandes écoles), en STS (sections de techniciens supérieurs), en IUT (institut universitaire de technologie) ou dans les universités (PRAG). Les disciplines concernées sont littéraires, scientifiques, technologiques, économiques et sociales, artistiques, éducation physique et sportive.

Les candidats à l'agrégation peuvent préparer le concours dans les universités, mais la voie royale d'accès à ce concours demeure celle des écoles normales supérieures (ENS). Celles-ci sont au nombre de quatre : ENS (Ulm, Sèvres-Jourdan) qui prépare les disciplines littéraires et scientifiques ; ENS de Fontenay où sont enseignées les disciplines littéraires ; ENS de Lyon qui accueille, depuis 2000, les enseignants et les élèves de l'ENS de Saint-Cloud regroupant dorénavant les sciences humaines, économiques et sociales et les mathématiques, physique et chimie, sciences de la vie et de la terre ; ENS de Cachan pour les disciplines scientifiques, techniques, économiques et arts appliqués. L'admission dans ces écoles se fait par un concours qui nécessite deux ans de préparation après le baccalauréat. Les élèves admis perçoivent une rémunération (entre 1 271 euros et 1 523 euros par mois) contre l'engagement de servir l'État pendant au moins dix ans.

LES ENSEIGNANTS DU SECOND DEGRÉ
France sans TOM — Public au 31 janvier 2002

	Effectifs	Âge moyen	% de femmes	% de temps partiel
Agrégés et professeurs de chaires supérieures	47 555	44	50	7
Certifiés et assimilés	250 766	42	60	11
Adjoints et chargés d'enseignement	5 405	50	58	12
PEGC	21 203	53	59	16
PLP	64 029	44	43	8
TOTAL TITULAIRES	388 958	46	54	10
Non-titulaires	30 186	35	41	28
TOTAL GÉNÉRAL	319 144	40	47	10

Source : MEN, 2003. Note d'information, n° 38.

L'agrégé assure 15 heures d'enseignement hebdomadaire ou 17 heures dans les disciplines artistiques et d'éducation physique et sportive. Au début de carrière, un professeur agrégé a un traitement de 1 523 euros nets mensuels, à Paris (hors primes) et peut atteindre 3 238 euros nets mensuels, à Paris (hors primes). Les promotions possibles sont, entre autres, de chef d'établissement, d'inspecteur pédagogique régional, d'inspecteur d'académie. D'une manière générale, le nombre de candidats inscrits pour ces postes de professeurs certifiés ou agrégés progresse moins vite que celui des postes. En 2002, on estime que les chances de réussite aux concours sont d'un candidat sur dix.

L'enseignement supérieur

Les enseignements sont assurés dans les universités, les IUT, les grands établissements publics (Collège de France, Muséum d'histoire naturelle, École des hautes études en sciences sociales, etc.), les grandes écoles telles les ENS, les écoles d'ingénieurs, etc.

Les professeurs d'Université. — Ils sont recrutés par concours ouverts dans les établissements. Les candidats doivent être titulaires d'un doctorat ou d'une habilitation à diriger des recherches.

Une nouvelle procédure a été mise en place, depuis 1992, pour le recrutement des professeurs et des maîtres de conférences dans l'enseignement supérieur. Les candidats doivent présenter un dossier (thèse, travaux de recherche et publications) au CNU (Conseil national des universités), afin d'être inscrits sur une liste de qualification. Être qualifié signifie que le candidat peut se présenter aux postes ouverts au concours dans les établissements supérieurs. Dans les disciplines juridiques, politiques, économiques et de gestion, des concours nationaux d'agrégation de l'enseignement supérieur sont ouverts sur épreuves. Le traitement des professeurs d'Université au début de carrière est de 2 215 euros, à Paris, net mensuels (hors primes) et peut atteindre 3 588 euros nets mensuels, à Paris (hors primes).

Les maîtres de conférences. — Ils sont recrutés par concours, ouvert aux titulaires d'un doctorat ou d'un diplôme équivalent et ayant entamé la procédure de qualification précitée. Leur traitement au début de carrière est de 1 642 euros nets mensuels (hors primes), à Paris, et, en fin de carrière de 3 425 euros.

Les professeurs et les maîtres de conférences assurent 128 heures de cours par an ou 192 heures de travaux dirigés (TD) ou 180 heures de travaux pratiques (TP).

Les moniteurs. — Ils assurent les travaux dirigés ou des travaux pratiques. Recrutés sur contrat, ils ne peuvent exercer plus de trois ans. Ils doivent posséder un DEA et préparer un doctorat. Le moniteur doit, annuellement, 64 heures de TD ou 96 heures de TP et suit des stages organisés par un CIES. En effet, la loi d'orientation de 1989 a créé des centres d'initiation à l'enseignement supérieur (CIES) destinés à former les futurs maîtres de conférences et professeurs d'Université. Depuis 1992, 14 CIES sont mis en place et accueillent environ 1 500 moniteurs.

Les attachés temporaires et de recherche (ATER). — Ils sont recrutés par contrat à durée déterminée et doivent être inscrits en doctorat ou titulaires d'un doctorat. Ils s'engagent à se présenter à un concours de recrutement de l'enseignement supérieur. Ils doivent le même nombre d'heures de service que les professeurs ou les maîtres de conférences, pour un traitement mensuel d'environ 1 715 euros net.

Les chargés de cours vacataires. — Ils exercent une activité autre que l'enseignement à temps complet. Ils sont engagés en fonction de leur spécialisation et pour un nombre limité de vacations.

Les enseignants du secondaire dans le supérieur. — Dans l'enseignement supérieur, on estime à 15 % le nombre de personnels sur postes du second degré. Ce sont des professeurs agrégés — PRAG — et les professeurs certifiés — PRCE. Leurs effectifs s'élèvent, en 2002, à 13 411 dont 54 % de professeurs agrégés et 46 % de certifiés ou assimilés. Ce personnel d'enseignement supérieur a connu une forte hausse qui est due, notamment, à leur importance dans les IUFM.

Autres enseignants

Il s'agit des professeurs de l'enseignement agricole qui enseignent dans les lycées agricoles ou dans les lycées professionnels agricoles qui relèvent du ministère de l'Agriculture. Les particularités de ce type d'enseignement (en situation d'internat, par exemple) demandent des capacités autres que celles de l'enseignement (animation socioculturelle, par exemple). Cet enseignement est redevable à son ancrage dans les milieux agricoles spécifiques. Les diplômes et certificats sont également spécifiques. Les professeurs certifiés de l'enseignement agricole sont recrutés, formés et ont une carrière semblable à celles des PLP.

Il existe également les professeurs de l'enseignement spécialisé pour les enfants déficients visuels, mal-entendants ou muets. Le recrutement s'effectue parmi les titulaires d'un CAPES qui sont détachés dans ce type d'enseignement.

Les professeurs de l'enseignement privé

Dans les établissements primaires ou secondaires, ils connaissent les mêmes conditions de formation. Ils peuvent être recrutés par l'Éducation nationale et ensuite détachés dans les établissements privés sous contrat avec l'État. Dans ce cas, les rémunérations et le déroulement de carrière sont analogues à ceux des personnels exerçant dans un établissement public. Dans d'autres établissements, ils peuvent recevoir une formation spécifique et les salaires sont librement débattus. Dans la plupart des cas, le traitement au début de carrière est inférieur à celui du secteur public (enseignement confessionnel ou enseignement agricole privé).

Il existe des enseignants d'écoles diverses tels les CFA (centre de formation d'apprentis), les écoles des chambres de commerce et d'industrie, des entreprises (SNCF, EDF, GDF, RATP), des municipalités, des écoles paramédicales et sociales, des écoles de musique, etc. Le niveau de recrutement varie selon l'enseignement assuré, ainsi que les salaires.

Disciplines	Fonctions	Universités	IUT	Instituts ou écoles rattachés aux universités	Autres établissements	Total
Droit	Professeurs	2 332	46	64	70	2 512
	Maîtres de conférences	3 764	834	77		4 755
	Assistants titulaires	411	122	13	80	547
	Attachés et moniteurs	2 917	—		1	2 917
	Autres	504	859	13	131	1 507
	TOTAL	9 928	1 861	167	282	12 238
Lettres	Professeurs	4 074	54	15	232	4 375
	Maîtres de conférences	8 345	627	40	712	9 724
	Assistants titulaires	182	40		25	247
	Attachés et moniteurs	3 163	—			3 163
	Autres	5 010	961	86	1 993	8 050
	TOTAL	20 774	1 682	141	2 962	25 559
Sciences	Professeurs	5 872	823	304	655	7 654
	Maîtres de conférences	11 498	2 855	448	1 418	16 219
	Assistants titulaires	249	108	3	13	373
	Attachés et moniteurs	6 274	—			6 274
	Autres	1 120	2 164	100	1 494	4 878
	TOTAL	25 013	5 950	855	3 580	35 398
Santé	Professeurs	4 678	1		1	4 680
	Maîtres de conférences	3 190	8		2	3 200
	Assistants titulaires	127				127
	Chefs de clinique, AHU, PHU	4 196				4 196
	Attachés et moniteurs	113				113
	Autres	—				
	TOTAL	12 304	9		3	12 316

Disciplines	Fonctions	Universités	IUT	Instituts ou écoles rattachés aux universités	Autres établissements	Total
Total	Professeurs	16 956	924	383	958	19 221
	Maîtres de conférences	26 797	4 324	565	2 212	33 898
	Assistants titulaires	969	270	16	38	1 294
	Chefs de clinique, AHU, PHU	4 196				4 196
	Attachés et moniteurs	12 467				12 467
	Autres	6 634	3 984	199	3 618	14 435
	TOTAL	*68 019*	*9 502*	*1 163*	*6 627*	*85 911*

Source : MEN-DPD, 2003.

Les personnels non enseignants

Les personnels d'inspection. — Depuis la refonte du corps des inspecteurs (1990), il y a : les inspecteurs généraux qui ont pour mission de mettre en œuvre la politique éducative, d'inspecter les personnels, de rendre public leur rapport annuel d'évaluation ; les inspecteurs académiques (IA) qui sont responsables de l'enseignement élémentaire, animateurs et coordonnateurs de la politique suivie dans l'enseignement secondaire. Leurs attributions sont à la fois pédagogiques et administratives ; les inspecteurs pédagogiques régionaux (IPR) (enseignement secondaire), qui veillent à la mise en œuvre de la politique éducative arrêtée par le ministre de l'Éducation nationale et jouent un rôle de conseillers auprès des enseignants et participent à la formation des personnels ; des inspecteurs de l'Éducation nationale (IEN) (enseignement du premier degré et enseignement technique), qui exercent leur activité à l'échelon départemental.

Les IEN et les IPR sont également chargés d'évaluer l'exercice des enseignants et des équipes de personnels enseignants, les personnels d'orientation et CPE.

Outre les corps d'inspection, il existe des catégories de personnels non enseignants tels que :

— les conseillers principaux d'éducation sont sous la responsabilité directe du chef d'établissement et assurent 35 heures hebdomadaires de service ;

— les documentalistes, qui peuvent être des enseignants en reconversion ou, depuis 1990, des enseignants ayant réussi le CAPES de documentation ;

— les conseillers d'orientation psychologue recrutés par voie de concours et qui exercent dans les établissements scolaires ou supérieurs dans les centres d'information et d'orientation (CIO).

Sans oublier les personnels ATOSS (administratif, technique, ouvrier de services sociaux et de santé), qui représentent, en 2002, près d'un quart des personnels de l'Éducation nationale, y compris l'administration centrale et les services extérieurs. Il s'agit de personnels relevant de la catégorie A, exerçant des fonctions de conception (attachés, ingénieurs d'études ou de recherches, conservateur de bibliothèque, médecins de santé scolaire, etc.) ; de la catégorie B (fonctions d'encadrement ou d'application) tels les secrétaires d'administration, infirmières, assistantes sociales, techniciens, bibliothécaires, etc.) ; des catégories C et D (fonctions d'exécution : commis, agents techniques, ou administratifs, ouvriers, téléphonistes, magasiniers, gardiens, agents de bibliothèques, etc.). Ce sont eux qui assurent toute la logistique administrative et matérielle des établissements.

Entre 1998 et 2003, 82 000 jeunes ayant entre 18 et 26 ans ont été accueillis en tant qu'aide-éducateur dans le cadre du programme « emplois-jeunes » dans les établissements scolaires. Visant à promouvoir l'insertion professionnelle des jeunes diplômés ayant un niveau d'études de bac à « bac + 2 ans », ils ont exercé des activités d'aide à la surveillance, aux devoirs, à l'animation artistique, culturelle, sociale ou sportive ainsi que d'autres liées à l'informatique ou à la documentation. Ces activités ont été intégrées dans l'univers quotidien des établissements et leur remplacement devient un enjeu important pour les personnels enseignants et de direction.

3. Le budget de l'enseignement public

Le coût de l'éducation se chiffrait, en 2002, à près de 61,4 milliards d'euros, soit 6,4 % du produit intérieur brut (PIB). Ce qui représente en moyenne 6 260 euros par élève, tous niveaux d'études confondus et 1 460 euros par habitant. On observe que cette « dépense intérieure d'éducation » (DIE), depuis 1999, décroît par rapport à la progression du PIB. En 2001, le PIB croît de 1,8 % pour une hausse de 1,1 % pour la DIE (MEN-RERS, 2002).

Le financement des dépenses d'éducation

Si le ministère de l'Éducation nationale demeure la principale source de financement du budget de l'éducation, d'autres agents économiques (divers ministères, collectivités territoriales, entreprises, ménages) apportent aussi leur contribution. On estime à

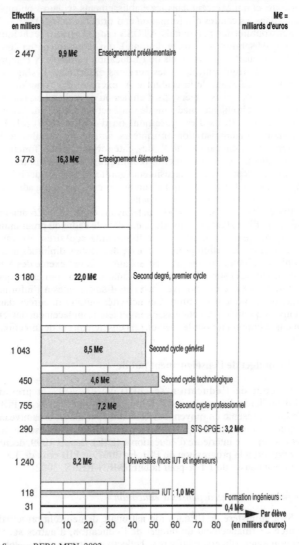

DÉPENSE MOYENNE PAR ÉLÈVE ET DÉPENSE GLOBALE EN 2001

Effectifs en milliers

M€ = milliards d'euros

Effectifs	Dépense	Catégorie
2 447	9,9 M€	Enseignement préélémentaire
3 773	16,3 M€	Enseignement élémentaire
3 180	22,0 M€	Second degré, premier cycle
1 043	8,5 M€	Second cycle général
450	4,6 M€	Second cycle technologique
755	7,2 M€	Second cycle professionnel
290	3,2 M€	STS-CPGE
1 240	8,2 M€	Universités (hors IUT et ingénieurs)
118	1,0 M€	IUT
31	0,4 M€	Formation ingénieurs

Par élève (en milliers d'euros)

Source : RERS-MEN, 2002.

Année 2000 Activités	Effectifs (milliers)	Dépenses par élève (milliers d'euros)	Dépenses globales (milliers d'euros)
Enseignement préélémentaire	2 447	4,04	10,0
Enseignement élémentaire	3 773	4,31	16,3
Second degré – premier cycle	3 180	6,91	22,0
Second degré – second cycle général	1 043	8,16	6,5
Second degré – cycle techno-logique	460	10,3	4,6
Second degré – cycle profes-sionnel	755	9,5	7,2
STS-BTS	290	11,1	3,2
Universités	1 240	6,5	8,2
IUT	118	8,8	1,0
Formation des ingénieurs	30	11,6	0,4

Source : MEN-RERS, 2002.

60 % la charge du ministère de l'Éducation nationale dans ce budget, affectée notamment à la rémunération des personnels, le poste le plus lourd.

D'autres ministères (Agriculture, Santé, etc.) participent à hauteur de 1 % aux dépenses d'éducation par le financement des enseignements qui leurs sont propres : enseignement agricole, écoles d'infirmières, etc. Les entreprises, par le biais de la taxe d'apprentissage (0,5 % de la masse salariale) ou de la formation continue (1,2 % de la masse salariale), assument plus de 6 % des dépenses de l'éducation. Les ménages participent à plus de 10 % au financement global. Depuis les lois de décentralisation, la contribution des collectivités territoriales tend à augmenter, passant de 14 %, en 1980, à 22 % en 2002.

En fait, les collectivités territoriales (région, département, commune) sont impliquées de longue date dans le financement. Depuis le début de la IIIe République, l'État gère et rémunère les instituteurs tandis que les communes ont la charge des locaux scolaires (construction, maintien, entretien) et des personnels non enseignants. L'école primaire relève ainsi des services communaux d'où la désignation, depuis longtemps, d'école communale. Depuis 1992, les communes ont ainsi assumé 12 % des dépenses globales d'éducation.

Les collèges et les lycées publics sont placés, depuis 1986, sous la responsabilité des collectivités territoriales en ce qui concerne la construction de nouveaux établissements, la rénovation et l'entretien des locaux. Les départements ont la charge de l'organisation et du financement des transports scolaires. Les régions, quant à elles, jouent un rôle prépondérant dans la planification scolaire du second degré : elles définissent les besoins quantitatifs et qualitatifs de formation sur l'ensemble de la région. Et elles réclament un élargissement de leurs compétences, notamment pour les investissements universitaires. Les orientations de la décentralisation, de 1983 et de 1986, tendent à assurer au ministère de l'Éducation nationale un rôle de pilotage, de définition des règles, de répartition de moyens en personnels et d'évaluation ; elles confient aux collectivités territoriales la gestion directe du fonctionnement [Péano, 1993].

ÉVOLUTION DE LA STRUCTURE DES FINANCEURS INITIAUX

Organismes financeurs	1982	1992	1997	2002
MEN	62	58	56	60
Collectivités territoriales	14	18	20	22
Ménages	10	9	7	10
Entreprises	6	6	6	6
Autres ministères	7	8	8	1
Autres administrations	1	1	1	1
Total	100	100	100	100

Source : DPD-MEN, 2000.

Coûts moyens des diverses scolarités

Les dépenses moyennes, par élève ou par étudiant, varient selon le niveau d'enseignement et le type de filière d'études. Ainsi, en 2001, un élève du préélémentaire coûte 4 040 euros ; un collégien 6 910 euros ; un lycéen en enseignement général 8 150 euros et en enseignement professionnel 10 320 euros. Commencée à l'âge de trois ans, la scolarité d'un élève en enseignement général, devenant bachelier sans redoublement, est évaluée à 87 730 euros. La dépense moyenne, en 2001, par étudiant s'élève à 8 390 euros tandis que pour un élève en formation d'ingénieur, elle est de 11 590 euros.

D'une manière générale, entre 1986 et 2002, le coût moyen d'un élève ou d'un étudiant a augmenté de 2,5 % par an. Comparativement à d'autres pays développés, en France, les dépenses consacrées à l'éducation (soit de 6,4 % du PIB) restent inférieures à celles du Danemark (7 %) ; des Pays-Bas (7,8 %) ou de l'Allemagne (8,4 %) mais supérieures à celles de l'Italie ou du Japon (autour de 5 %) (Source : OCDE-CERI, 1999).

III / L'enseignement élémentaire

1. L'enseignement préscolaire : la maternelle

L'école maternelle constitue une originalité du système scolaire français. L'accueil de la petite enfance — de deux à cinq ans — a connu un vif succès et un développement très important : en trente ans, cet enseignement a vu ses effectifs doubler et le nombre de ses classes tripler. Bien que facultative, cette scolarisation concernait, à la rentrée de 2002, 35 % des enfants de deux ans et 100 % de ceux de trois ans et plus. Si, d'une manière générale, les écoles maternelles sont libres d'accepter ou de refuser les enfants ayant moins de trois ans, un décret de septembre 1990 invite à accueillir les enfants de « deux ans au 31 décembre de l'année en cours », notamment en « zone d'éducation prioritaire » (nous analyserons plus en détail les ZEP en évoquant les politiques éducatives).

Les origines

L'accueil des tout-petits remonte à 1801, à Paris ; il s'agissait alors de « salles d'hospitalité », sorte de garderies ou de crèches. À partir de 1826, on voit se multiplier à Paris et dans les grandes villes les « salles d'asile ». Celles-ci correspondent aux nouveaux besoins de la manufacture récemment créée, et qui mobilise un nombre croissant de femmes. Au départ, les « salles d'hospitalité » relèvent des œuvres philanthropiques et de charité. Mais, dès la circulaire d'application de la loi Guizot (1833), les « salles d'asile » sont définies comme « maisons d'hospitalité et d'éducation ». Il faut souligner qu'en cette première moitié du XIXᵉ siècle, les nombreuses expériences de pédagogie nouvelle pour la petite enfance connaissent un grand succès, inspirées par les idées de Rousseau et l'expérience de Pestalozzi qui crée, en Suisse, le « jardin d'enfants ». En France, Marie Page-Carpentier essaie de développer une pédagogie appropriée à ces jeunes enfants accueillis dans des classes surchargées (jusqu'à une centaine d'élèves). Elle institue ainsi l'école maternelle, désignation reprise par Hippolyte Carnot (1848), ayant pour vocation de « faire la leçon » aux tout-petits.

C'est dans le cadre des lois de Jules Ferry (1884) que s'affirme la volonté d'intégrer l'école maternelle dans l'institution éducative. Ces écoles recrutent désormais des institutrices, titulaires d'un brevet auquel s'ajoute une formation spécifique. Pauline Kergomard, inspectrice, a joué un rôle fondamental dans les orientations pédagogiques de l'école maternelle : développement d'une intelligence sensori-motrice à travers le jeu. Elle préconise également un mobilier adapté à la taille des enfants et pouvant être déplacé.

L'évolution des écoles maternelles s'accompagne de pédagogies nouvelles. Elles offrent la possibilité d'effectuer des expériences prônées par Maria Montessori, en Italie (1906), ou par Decroly, Ferrière et autres. Mais il faut attendre une circulaire de 1977 pour que soient précisés leur rôle et leurs missions. Un texte d'orientation est élaboré en 1986, mais c'est le texte du 6 septembre 1990 qui définit l'organisation et le fonctionnement des écoles maternelles ainsi que leurs relations avec l'école primaire.

Le développement de la préscolarisation

Le développement de la préscolarisation a été rapide. De 1960 à 2002, la scolarisation de l'ensemble des enfants de trois à cinq ans est passée de 50 % à 100 %. La France est l'un des pays où la durée de l'enseignement préscolaire est la plus longue et où le taux de scolarisation correspondant est le plus élevé. C'est aussi, en France, un secteur où l'enseignement public occupe une large place : 88 % des établissements en 2002. Les raisons de ce développement tiennent à la fois à la demande des parents, motivée par l'évolution du travail féminin, et à l'influence du discours syndical, surtout lorsque furent mis en évidence les effets positifs de la préscolarisation sur la poursuite des études.

L'évolution la plus spectaculaire est celle de la scolarisation des enfants de deux à trois ans, dont le pourcentage a triplé pendant cette période. On estime que les trois quarts des enfants de grande section (cinq ans) entrent de fait dans le cycle des apprentissages fondamentaux (CP).

L'enseignement préscolaire est perçu, depuis le début des années quatre-vingt, comme un facteur qui favorise la réussite scolaire ultérieure. Des analyses, réalisées au début des années soixante-dix, révèlent l'importance de cet enseignement sur le taux de réussite chez les enfants d'origine sociale modeste. Divers travaux soulignent le fait que la fréquentation de l'école maternelle avait une

ÉVOLUTION DU TAUX DE SCOLARISATION
(SECTEURS PUBLIC ET PRIVÉ) AVANT 6 ANS, PAR ÂGE,
EN FRANCE MÉTROPOLITAINE

	1960-1961	1970-1971	1980-1981	1990-1991	2000-2001	2001-2002
2 ans	9,9	17,9	35,7	35,2	35,3	34,7
3 ans	36,0	61,1	89,9	98,1	100,0	100,0
4 ans	62,6	87,3	100,0	100,0	100,0	100,0
5 ans	91,4	100,0	100,0	100,0	100,0	100,0
Ensemble 2-5 ans	50,0	65,4	82,1	84,2	84,9	84,7

Source : RERS-MEN, 2002.

incidence sur le taux de redoublement en cours préparatoire (CP). Ainsi, en 1990, le taux de redoublement en CP est de 30,5 % chez les élèves non préscolarisés, de 18,3 % chez les enfants qui ont suivi une seule année de maternelle et de 10 % chez ceux qui l'avaient suivie pendant quatre ans [Duru-Bellat, Henriot Van Zanten, 1992]. La préscolarisation joue un rôle positif dans la carrière scolaire des enfants, notamment pour ceux qui sont issus de couches sociales défavorisées et plus encore pour ceux d'origine migrante. En maternelle, les difficultés éprouvées par certains enfants peuvent être précocement détectées, et on peut leur porter une attention particulière. L'enseignement préscolaire joue un rôle important dans la socialisation des enfants sur le plan du langage et des activités d'éveil qui favorisent l'épanouissement du système cognitif. C'est d'ailleurs pour toutes ces raisons que la préscolarisation avait été inscrite dans le programme prioritaire du VIIe Plan (1976-1980).

L'organisation de l'enseignement préscolaire

Depuis septembre 1990, l'enseignement élémentaire (maternelle et primaire) se fixe de nouveaux objectifs avec son organisation par « cycles d'apprentissage ». La scolarité, de l'école maternelle à la fin de l'école élémentaire, est ainsi organisée en trois cycles pédagogiques :
— le cycle des apprentissages premiers, qui se déroule à l'école maternelle ;
— le cycle des apprentissages fondamentaux, qui commence à la grande section de la maternelle et se poursuit durant les deux premières années de l'école élémentaire ;
— le cycle des approfondissements, qui correspond aux trois dernières années de l'école élémentaire et débouche sur le collège.

Cette nouvelle organisation a pour objectif principal la prise en compte des rythmes d'apprentissage individuels des enfants. Les cycles pédagogiques ne commencent pas et ne se terminent pas au même moment pour tous les élèves puisqu'ils tiennent compte de la progression individuelle de chacun. Ces enseignements sont ainsi conçus (voir tableau ci-dessous).

L'école maternelle est, depuis cette nouvelle organisation, intégrée à la scolarité des enfants puisque sa « grande section » est juxtaposée aux cours préparatoires, dans le « cycle des apprentissages fondamentaux ». L'enseignement préscolaire vise à développer les facultés d'expression de l'enfant, son habileté manuelle, son sens artistique, ses aptitudes à la vie en commun et la préparation des apprentissages scolaires.

L'école maternelle dispose d'agents de service des écoles maternelles (ASEM), à forte dominante féminine, engagés par la commune pour seconder les enseignants auprès des plus petits. Le rythme de la vie scolaire de la maternelle est calqué sur celui de l'école primaire en ce qui concerne les horaires et le calendrier.

Écoles	Classes	Cycles
Maternelle	Petite section – – – Moyenne section Grande section – – –	C1
Élémentaire	Cours préparatoire _ CE1 CE2 _ _ _ _ _ _ _ _ _ _ CM1 CM2	C2 C3
Collège	Classe de 6ᵉ – – –	– – – –

2. L'école primaire

Elle constitue la matrice de l'institution scolaire. Depuis la loi Guizot (1833) imposant aux communes d'avoir une école de garçons et les lois de Jules Ferry, l'école primaire est considérée comme un élément important de démocratisation et d'intégration nationale permettant l'acquisition d'un bagage scolaire minimal.

Cependant, des travaux en sociologie de l'éducation ont mis en cause l'illusion démocratique [Bourdieu, Passeron, 1970]. S'ils constatent une démocratisation quantitative, ils relèvent néanmoins une accentuation importante de la ségrégation interne, notamment dans l'enseignement secondaire. Mais dès l'école primaire des inégalités de cursus apparaissent, étroitement liées à l'origine sociale des enfants. Cela se traduit par le fait que tous les élèves ne parviennent pas à acquérir au même rythme les savoirs et savoir-faire requis par l'institution. Dès lors, les inégalités dans les performances scolaires posent une question sociale, aggravée par l'importance de l'échec scolaire. À l'école primaire, il ne s'agit pas d'une inégalité des chances d'accès à l'école, mais d'une inégalité des parcours et des résultats scolaires [INED, 1970 ; Isambert-Jamati, 1984 ; Prost, 1986 ; Forquin, 1990 ; Kheroubi, 2000].

Des parcours scolaires différenciés

À la rentrée 2002, plus de 6 millions d'élèves sont scolarisés, dont près de 2,5 millions dans l'enseignement préélémentaire, ce qui représente une augmentation d'environ 1 % par an depuis la moitié des années 90. Cette croissance des effectifs est spectaculaire parmi les enfants de 2 ans puisqu'elle a augmenté depuis 1999, selon l'INSEE, de 5 %. En revanche, par un mouvement démographique (forte baisse entre 1990 et 1997) ainsi qu'une réduction des retards scolaires, les effectifs de l'école primaire diminuent (– 0,4 % par an, depuis 1999).

Depuis 1970, le taux de redoublement à l'école primaire a fortement diminué, même si le déroulement de la scolarité primaire présente des écarts sensibles selon le milieu social d'origine. Au CP, le taux de redoublement est passé de 18 % en 1970 à 8 % en 1990. Au CM2, il était de 4 % en 1990, contre 15 % en 1970. Il faut certainement y voir les effets conjugués de certaines mesures : plan lecture visant à intensifier la pratique de la lecture chez les enfants en sensibilisant les parents, et à améliorer ainsi la maîtrise de la langue ; projets d'écoles pour développer une aide aux devoirs, complémentaire de l'action des enseignants ; institution de « zones d'éducation prioritaire » fondées sur une discrimination positive et favorisant une certaine souplesse dans l'organisation des programmes ; recours à des personnels socio-éducatifs pour améliorer les rapports entre l'école et les familles et développer les activités extra-scolaires.

Cependant, des différenciations subsistent dans le parcours scolaire primaire, en relation avec le niveau d'instruction et de revenu des parents. D'autres facteurs jouent également, telle la taille de la famille. En effet, les élèves issus de familles nombreuses (plus de trois enfants) présentent un taux de redoublement plus important : 17 % en CP, contre 8 % chez les élèves issus de familles de un à deux enfants [Duthoit, 1989]. On observe également une différenciation selon le sexe : à l'école primaire, les filles réussissent mieux en français et sont de niveau comparable aux garçons en mathématiques [Baudelot, Establet, 1991]. Tout cela est sans doute lié aux pratiques éducatives familiales, qui développent chez les enfants des qualités correspondant aux exigences du profil du bon élève [Duru-Bellat, 1990].

On retrouve la même évolution si l'on étudie l'âge des élèves, et plus précisément ceux qui sont « en retard » ou « en avance » par rapport à l'âge « normal » (10 ans). Si, en 1960, 49 % d'élèves de CM2 avaient l'âge normal ou étaient « en avance », ils étaient 77 % en 1998.

RÉPARTITION PAR ÂGE EN CM2. ÉVOLUTION EN %
(Secteurs privé et public, France métropolitaine)

CM2	1960-1961	1970-1971	1980-1981	1991-1992	2001-2002
9 ans et -	9	7	3	3	2,5
10 ans	40	48	59	73	78
11 ans	34	34	25	20	18,3
12 ans	14	9	10	4	1,1
13 ans et +	4	3	3	1	0,1
Total %	100,0	100,0	100,0	100,0	100,0
Milliers	913,7	917,5	910,6	820,7	768,5

Source : RERS-MEN, 2002.

Les transformations des rythmes d'apprentissage

En France, l'école impose aux enfants des horaires journaliers qui sont parmi les plus élevés du monde, cela sur un nombre de jours de travail parmi les plus faibles, ce qui oblige à concentrer les programmes.

LES EMPLOIS DU TEMPS DANS LE PRIMAIRE

	France	Allemagne	Italie	Espagne	Grande-Bretagne
Jours	180	200 à 226	200 à 210	220	200
Heures	972	600 à 780	875	954	560 à 620
Heures par jour	5 h 24	3 h 14	4 h 15	4 h 20	2 h 57

Des travaux récents soulignent que l'apprentissage est lié au rythme de développement des enfants et des adolescents (taille, poids, coordination sensori-motrice, marche, systèmes de communication non verbaux, langage...). À quoi s'ajoute l'influence du milieu socio-culturel dans lequel l'enfant évolue. Cependant, le système d'enseignement fixe un âge « normal », par rapport auquel les notions d'avance ou de retard sont perçues comme une véritable sanction intellectuelle [Cohen, Gilabert, 1986 ; Beaune, 1987].

La réorganisation des rythmes scolaires, depuis janvier 1992, a pour objectif, en prenant en compte la diversité des capacités d'apprentissage des élèves, d'améliorer les résultats scolaires. D'une part, elle entraîne une nouvelle organisation de la journée, de la semaine, voire de l'année scolaire. Ainsi, la semaine de travail des enfants est allégée d'une heure (26 heures au lieu de 27 auparavant). Le temps annuel d'enseignement reste inchangé grâce à la prolongation du nombre de semaines annuelles (36 semaines réparties en cinq périodes). D'autre part, les rythmes scolaires portent sur l'âge et la durée des apprentissages : c'est l'organisation par cycles et la pratique des horaires modulables. Les élèves qui, en fin de cycle, n'ont pas acquis les compétences requises se verront proposer une année supplémentaire. Mais ils pourront également achever le cycle en deux ans au lieu de trois. Les cinq années qui vont de la grande section de la maternelle au cours moyen deuxième année sont regroupées, depuis janvier 1992, en deux cycles :

	Premier cycle	*Deuxième cycle*
Français, histoire, géographie, instruction civique	9 h 30 à 12 h 30	8 h 30 à 12 h 30
Mathématiques, sciences, technologie	5 h 30 à 9 h 30	6 h 30 à 10 h 30
Éducation physique et sportive, éducation musicale, arts plastiques	6 h 00 à 8 h 00	6 h 00 à 8 h 00

Un horaire maximal et minimal est défini dans chaque école pour chacun des trois groupes de discipline.

Ici, les enseignements visent l'acquisition par les élèves des compétences, définies de manière précise en français et en mathématiques et constituent l'objet d'une évaluation générale à l'entrée du CE2 (début du cycle d'approfondissement) et à l'entrée en sixième. Les épreuves d'évaluation étant traitées par divers chercheurs, ceux-ci tendent à expliquer la réussite des enfants par le rôle joué par les familles associé au niveau d'instruction des deux parents ainsi que le temps qu'ils consacrent à aider leurs enfants dans leur scolarité [Caillet et Vallet, 1996 ; Heran, 1994 ; Singly (de), 1997]. Le milieu culturel dans lequel l'enfant évolue et les conditions matérielles dont il dispose apparaissent comme des facteurs les plus importants dans le succès à l'école élémentaire. Bernard Lahire [1997] explique en outre que le rapport au langage, dans la pratique et dans la production scolaire quotidienne, relève d'une socialisation spécifique à laquelle l'action des familles s'avère primordiale dans les performances scolaires.

L'école, facteur d'intégration

L'école a été considérée, tout au long du XIXᵉ siècle et dans tous les pays européens, comme un important moyen d'intégration. En France, elle est porteuse d'un projet politique et culturel : l'affirmation d'une pensée logique et rationnelle, d'une morale laïque visant à former un citoyen attaché à la patrie et à la République [Prost, 1968 ; Raynaud et Thibaud, 1987]. Les instituteurs, qui entendent favoriser la promotion sociale par l'école, seront le fer de lance dans la diffusion de ces idées. Les écoles normales transmettent ces préceptes moraux, un regard scientifique et esthétique qui les attache à l'institution scolaire et les détache des particularismes culturels locaux [Muel, 1977].

Après la Seconde Guerre mondiale, l'école est considérée comme instrument de diffusion des nouvelles valeurs de la culture urbaine, des nouvelles techniques, et ainsi comme le moyen de promouvoir la transformation des mentalités et des modes de vie. L'urbanisation, assimilée à une forme de progrès social, a sans doute favorisé la scolarisation des enfants d'origine modeste. Cependant, la crise urbaine, qui éclate dans les années quatre-vingt avec l'accentuation des clivages et les inégalités sociales, a contribué de façon significative à l'exclusion de certains groupes en fonction de leur appartenance sociale et ethnique ou de leur distribution dans l'espace urbain. Dès lors, l'école apparaît à la fois comme victime de cette dynamique, et comme instrument de l'aggravation des écarts entre les diverses composantes de la population.

Depuis l'organisation de la carte scolaire (1963) qui attribue aux établissements scolaires une aire de recrutement des élèves, les parents sont contraints d'envoyer leurs enfants dans des établissements précis en fonction de leur lieu de résidence. Avec l'assouplissement de la carte scolaire, depuis 1984, les parents essaient d'inscrire leurs enfants dans des établissements situés dans des quartiers jugés « de meilleure qualité ». D'autres considèrent que l'école, par ses exigences, ne peut qu'aggraver leur exclusion et qu'ils n'ont pas à en espérer une amélioration de l'avenir de leurs enfants. Et lorsque les enfants des milieux défavorisés réussissent à « s'en sortir », ils quittent effectivement la communauté locale [Henriot Van Zanten, 1990 ; Van Zanten, 2001].

Aujourd'hui, pour des raisons politiques extérieures à l'école et pour des motifs pédagogiques, des actions sont menées visant à améliorer les relations de l'institution scolaire avec son environnement. C'est ainsi que la prise en compte des diversités culturelle et linguistique et des difficultés spécifiques a débouché sur la mise en place de deux types de structure :

— les classes de perfectionnement, qui accueillent les enfants en retard scolaire par suite de troubles de comportement, constituent, depuis septembre 1992, les classes d'intégration scolaire ;

— les classes d'initiation, qui regroupent des enfants non francophones dans des classes à faible effectif permettant d'assurer un apprentissage intensif du français. Ces classes fonctionnent également dans les collèges, sous la dénomination de classes d'adaptation.

Outre le dispositif mis en place par l'Éducation nationale pour favoriser l'apprentissage des langues et des cultures régionales, une formation spécifique est apportée aux enseignants concernés par ce public non francophone.

Ces mesures soulèvent des critiques que l'on peut résumer ainsi :

— glissement progressif vers le laxisme à travers une individualisation des parcours dans lesquels les élèves ne disposent plus d'objectifs clairs et où les contenus de formation de base n'occupent plus qu'une place secondaire dans la hiérarchie des connaissances ;

— risque de développer une ségrégation à l'égard des enfants en difficulté menacés de constituer une catégorie marquée par l'échec, avec accentuation des clivages entre enfants de milieux culturellement différenciés [Lesourne, 1988 ; Van Zanten, 2001 ; Duru-Bellat, 2003 ; Merle, 2003].

IV / Enseignement secondaire

1. Le collège

Le collège unique : une création récente

Jusqu'à la fin des années cinquante, l'enseignement primaire et secondaire correspondait à divers types d'établissements ayant chacun ses débouchés, son corps enseignant, ses programmes et ses normes pédagogiques. Ils relevaient de différentes directions administratives.

La réforme Berthoin de 1959 qui est, en réalité, une série de réformes successives commandées par l'ordonnance du 6 janvier 1959, marque une transformation importante dans l'enseignement secondaire. Elle porte la scolarité obligatoire à seize ans, mesure qui ne deviendra effective qu'en 1967. Une ordonnance précise les modalités d'entrée en sixième : les élèves sont admis en fonction de leur dossier scolaire. Mais la réforme prévoit la création d'un cycle d'observation qui englobe les classes de sixième et de cinquième et adopte de nouvelles dénominations pour différents types d'établissements. Les collèges modernes sont assimilés aux lycées ; les collèges techniques et les écoles nationales profession-nelles deviennent des lycées techniques. Les centres d'apprentis-sage s'appellent désormais collèges d'enseignement technique (CET) et les cours complémentaires constituent les collèges d'enseignement général (CEG).

Ainsi cette réforme représente-t-elle une lente intégration de l'enseignement professionnel au sein du système scolaire. La réforme Capelle-Fouchet, par le décret du 8 août 1963, porte le cycle d'observation et d'orientation à quatre ans. Il représente désormais une étape scolaire qui constitue le premier cycle du second degré (classes de 6e, 5e, 4e et 3e) et se déroule dans les collèges d'enseignement secondaire (CES).

Mais le CES comporte trois types d'enseignement : général long (classique et moderne) préparant au second cycle long ; général court, moderne et pratique, destiné à ceux qui entrent en CET ou en lycée technique ; transition-pratique débouchant sur la vie active [Charlot, Figeat, 1985].

À l'issue de la classe de troisième, l'élève de CES est orienté vers un second cycle long ou vers un second cycle court, organisé dans les lycées classiques, modernes et techniques, préparant aux trois grandes voies : littéraire, scientifique ou technique, comprenant chacune plusieurs options. Les élèves préparent alors le baccalauréat de l'enseignement secondaire, le baccalauréat de technicien (créé depuis 1946) ou le brevet de technicien. Le second cycle court, organisé dans les CET, prépare soit au brevet d'études professionnelles (BEP), d'une durée de deux ans, soit au certificat d'aptitude professionnelle (CAP), correspondant à une formation de trois ans et à un niveau théorique moins élevé que le BEP. Ces deux formations comprennent des sections industrielles, commerciales ou administratives [Charlot, Figeat, 1985].

La réforme Haby, de juillet 1975, unifie les CES et les CEG sous la dénomination de collège unique. Elle assigne aux nouveaux collèges une double mission : « Fournir à tous les jeunes une même culture de base et préparer leur orientation » (extrait du texte de loi de 1975). L'orientation est alors ici déterminée par un choix effectué en classe de troisième : enseignement général ou enseignement à caractère professionnel. Les CET deviennent en 1979 des LEP (lycées d'enseignement professionnel). Le système éducatif se structure par ordre (primaire, secondaire) avec trois directions ministérielles : les écoles, les collèges et les lycées. Selon l'expression d'Antoine Prost [1986], « on est passé d'une logique d'établissement à une logique de niveaux et de filières ».

La réforme Haby supprime les trois voies du CES, mais sont créées, en 1972, les classes préprofessionnelles de niveau (CPPN) ou les classes préparatoires à l'apprentissage (CPA) et destinées aux élèves jugés peu adaptés à l'enseignement général et donc orientés vers la préparation d'un CAP. Ces deux classes (CPPN et CPA) sont ouvertes dans les LEP (lycée d'enseignement professionnel) qui reçoivent des élèves ayant quitté le collège avant la fin de la classe de troisième [Lelièvre, 1990].

Le collège unique, devenu ainsi un maillon essentiel de la scolarisation, a été vivement critiqué. En fait, ce collège présente une multitude de finalités : il se caractérise par une hétérogénéité du niveau des élèves, notamment en français et en mathématiques, en fonction de leurs capacités d'assimilation des connaissances transmises à l'école élémentaire. Il était aussi confronté à la diversité des élèves, qui présentaient d'inégales capacités d'adaptation. Plus qu'à l'école primaire, la norme culturelle scolaire apparaissait dès lors comme un élément déterminant pour caractériser le bon ou le mauvais élève. En outre, au collège, le niveau d'aspiration des élèves varie fortement entre ceux qui envisagent une scolarité longue et ceux qui prévoient d'abandonner leurs études dès la fin de la scolarité obligatoire [Lesourne, 1988].

RÉCAPITULATIF DE L'ÉVOLUTION DES STRUCTURES

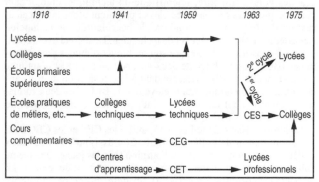

Source : LELIÈVRE [1990].

La rénovation des collèges

La loi Haby prévoit, dans un collège unique, des classes hétérogènes destinées à éviter les effets de ségrégation sociale et scolaire. Cependant, les résultats sont décevants. Le bilan de 1981 montre que, du point de vue de l'âge, à peine 58 % des élèves correspondent à la norme d'entrée en sixième (onze ans). Par ailleurs, le taux de redoublement est important : 10 % en sixième, 12 % en cinquième, 8 % en quatrième et 9 % en troisième. Enfin, on observe que sur les 87 % d'élèves admis en sixième, 53 % poursuivent leur scolarité au lycée quatre ans plus tard.

Pour pallier ces difficultés, le rapport de Louis Legrand [1983] propose une réorganisation à finalité pédagogique, mais peu de ses recommandations ont été retenues. Seul le « projet d'établissement » a été mis en application. Il s'agit d'introduire une nouvelle forme de travail scolaire par la formation des équipes enseignantes. L'objectif est d'associer les questions de pédagogie à celles de l'insertion professionnelle des élèves, de leur orientation ainsi que l'ouverture de l'établissement scolaire sur l'extérieur. En plus, il prévoit la participation de parents notamment pour établir un inventaire des besoins. L'idée qui préside à ce projet est d'infléchir l'échec scolaire en réduisant les inégalités socio-culturelles. Des moyens financiers furent mis à la disposition des établissements dont les projets furent retenus en fonction de critères établis par des commissions spécialisées au niveau des rectorats.

La loi d'orientation de 1989 fait obligation à toute école, tout collège et lycée d'élaborer des « projets d'établissement ». Les collèges s'engagent à procéder à une rénovation pédagogique axée sur le travail des enseignants (fonctionnant en équipes pédagogiques), sur l'individualisation du parcours des élèves et sur la responsabilité de l'établissement [Demailly, 1991]. Certes, ces transformations sont loin d'être entièrement réalisées. Ainsi, l'individualisation de la scolarisation, qui suppose un travail pédagogique de type nouveau plus proche du tutorat, a rencontré bien des réticences de la part des enseignants. Il n'en reste pas moins que la politique engagée depuis 1982-1983 a donné la priorité à la relation de l'école avec l'espace local, qui constitue une approche de la lutte contre l'échec scolaire et de l'intégration sociale. L'idée de « donner plus à ceux qui ont le moins » est à la base des politiques éducatives d'aujourd'hui.

Depuis 1994 la rénovation des collèges s'est engagée visant à élaborer de nouveaux programmes d'enseignement et à favoriser la prise en charge de la diversité des élèves. La loi de juillet 1995 prévoit la mise en place de trois cycles (au lieu de deux auparavant) afin de créer une continuité entre l'école primaire et le collège et d'initier les élèves aux disciplines et méthodes de travail propres à l'enseignement secondaire. C'est l'organisation d'études dirigées et encadrées : deux heures au moins prévues pour tous les élèves selon leurs difficultés et les contraintes de chaque établissement. Les nouveaux programmes comportent les enseignements en option (latin, grec, langues vivantes et régionales, technologie), le rétablissement de l'enseignement de la physique (supprimé en 1989) et l'introduction d'éducation civique.

L'initiative laissée aux établissements dans l'organisation de « parcours diversifiés » induit dans certains collèges, sous pression des parents d'élèves, le dépassement des horaires réglementaires (25 h 30 hebdomadaires) ou dans d'autres cas, l'allègement de certaines disciplines (scientifiques, technologiques) notamment histoire, géographie et éducation civique.

Le rapport de mai 1999 concernant les collèges insiste, d'une part, sur la valorisation des cultures techniques et professionnelles et de l'éducation à la citoyenneté et, d'autre part, sur la nécessité d'un suivi précis des performances des établissements [Dubet, Duru-Bellat, 2000].

L'évolution de la scolarisation au collège

Après une augmentation rapide des effectifs jusqu'en 1986 (42 % de 1960 à 1986), les collèges ont vu le nombre de leurs élèves diminuer sensiblement (-6 % de 1986 à 1991), du fait de l'évolution démographique. En 2002, on comptait plus de 3 millions d'élèves inscrits au collège, dont 21 % dans l'enseignement privé. Un taux variable d'une région à l'autre : dans l'académie de Rennes, 42 % des élèves étaient inscrits dans des collèges privés, 41 % dans l'académie de Nantes, mais à peine 10 % dans l'académie de Limoges et 6,4 % en Corse.

Le redoublement semble être un facteur déterminant du choix d'un établissement privé ; la proportion de redoublement est deux fois plus importante chez les 2 % d'élèves qui changent de secteur (passage du privé au public ou inversement). Actuellement le collège devient une école moyenne en tant que prolongation de l'école primaire, vouée à fournir des connaissances et des méthodes de travail considérées indispensables aux études ultérieures. Ainsi, en 1998, près de 92 % d'une classe d'âge poursuit la scolarité au-delà du collège. Les nouvelles orientations ministérielles tendent à recentrer les finalités de l'apprentissage et la prise en charge de la diversité des élèves. Moins que d'affirmer des principes et des objectifs au niveau national, c'est la possibilité laissée aux établissements à travers leur autonomie dans l'organisation des enseignements.

L'orientation scolaire au collège

Bien que le collège soit uniformisé, il comporte des différenciations de cursus qui jouent un rôle de distinction dans la population scolarisée. Il n'existe plus actuellement de différenciation officielle dans les cursus des classes de quatrième. Cependant, les parents peuvent choisir la première langue dès l'entrée en sixième. Et ils usent de cette faculté dans leurs stratégies de distinction. C'est le cas pour les classes européennes ou internationales, où se développent des classes dites bilingues, avec davantage d'heures consacrées à la langue étrangère et un système d'échanges avec des pays étrangers. Une conjonction d'intérêts se produit : l'établissement scolaire voit son image de marque améliorée, le recrutement social des élèves y est plus sélectif et, pour les familles, ce choix est le garant d'une acquisition supplémentaire de capacités (linguistiques, relationnelles), avec l'avantage pour leurs enfants de fréquenter un établissement de bonne renommée sociale.

Les stratégies délibérées des familles s'exercent également dès la quatrième en termes d'option (langues vivantes ou anciennes, technologie). Ainsi, les enfants d'origine sociale aisée sont deux fois plus nombreux à choisir les langues anciennes que les enfants issus de couches moyennes [Œuvrard, 1984]. Cette possibilité de choix d'options favorise donc une accentuation des inégalités sociales liées au cursus.

La pratique de l'orientation scolaire en fin de cinquième, détermine de façon irréversible les trajets scolaires [Duru-Bellat, 1988]. Ainsi, les résultats scolaires des premières années conditionnent la durée et la filière des études : pour les uns, l'enseignement long et général composé des filières les plus cotées dans la hiérarchie scolaire, et pour les autres, l'enseignement court et professionnel destiné à la formation d'ouvriers ou d'employés qualifiés. Ainsi, en 2002, parmi les élèves qui rentrent en 4e d'insertion, 42 % sont fils d'ouvriers et 24 % de parents sont au chômage ou inactifs ; en 4e technologique, ces catégories socioprofessionnelles représentent respectivement 43 % et 19 % des effectifs.

Les décisions d'orientation, selon les instructions officielles, doivent faire l'objet d'un accord entre la famille et l'école. Cependant, sachant que les critères d'orientation sont fondés sur les résultats scolaires et l'âge des enfants, les familles tendent à entériner les appréciations des enseignants et responsables des établissements, effectuant ainsi une auto-sélection qui les amène à accepter plus facilement une orientation vers un enseignement professionnel dès la quatrième.

L'enseignement spécialisé

Depuis 1965, le ministère de l'Éducation nationale a créé les sections d'éducation spécialisées (SES) et les sections d'enseignement général et professionnel adapté (SEGPA). Elles sont intégrées dans les collèges et ont pour objectif d'accueillir les élèves considérés comme déficients intellectuels légers et leur dispenser, dès le début du cycle d'orientation (en quatrième), une formation préprofessionnelle. Ces structures correspondent au besoin de scolarisation des enfants jugés inadaptés au système scolaire mais devant prolonger leur scolarité jusqu'à seize ans. En 2002, près de 100 000 élèves étaient scolarisés dans ces classes d'enseignement spécial, dont 58 % suivaient une formation professionnelle. Parmi ceux-ci, 7 enfants sur 10 sont issus de familles d'origine ouvrière ou en situation de chômage ou inactifs. Ce public connaît une forte augmentation entre 1970 et 1980, passant de 24 000 élèves à 112 000. Depuis, on observe une baisse des effectifs dans ces classes. Leur public est plutôt masculin (59 % de garçons). Bien que cet enseignement comporte trente et une spécialités de formation, 74 % des garçons sont regroupés dans cinq métiers, notamment ceux du bâtiment, et 91 % des filles dans deux métiers (habillement et travail des étoffes, hôtellerie).

Les orientations officielles de février 1989 tendent à intégrer les SEGPA dans les collèges et à créer des structures d'accueil de formation professionnelle en relation avec les entreprises.

2. Les lycées : continuités et concurrences

Le second cycle de l'enseignement secondaire, d'une durée de trois ans, concerne trois catégories d'établissements : le lycée d'enseignement général (LEG), le lycée technique (LT) et le lycée professionnel (LP). Ce dernier prépare aux diplômes professionnels : certificat d'aptitude professionnel (CAP), brevet d'enseignement professionnel (BEP) et baccalauréat professionnel. Depuis 1992, l'enseignement général est associé au technologique donnant naissance au lycée d'enseignement général et technologique (LEGT).

ÉVOLUTION DU SECOND DEGRÉ, SECOND CYCLE
(Secteurs public et privé, France métropolitaine)

	1960-1961	1970-1971	1980-1981	1990-1991	2001-2002
Second cycle général et technologique					
Total en milliers	422	849	1 103	1 571	1 504
Part du public en %	77,3	77,0	77,1	79,2	80,0
Second cycle professionnel					
Total en milliers	383	651	773	697	695
Part du public en %	66,9	73,8	77,8	76,7	78,8

Source : DPD-MEN, juin 2003.

Évolutions et réformes

En l'espace d'une génération, le lycée a connu d'importants changements par l'expansion de ses effectifs et par les réformes successives qui l'ont profondément remanié. Ainsi, entre 1960 et 1997, le second cycle voit l'ensemble de ses effectifs passer de 800 000 à 2 300 000 élèves. Cet accroissement est considéré comme l'une des raisons des difficultés des lycées.

Le nombre d'élèves inscrits au lycée continue de s'accroître, d'autant plus que la loi d'orientation de 1989 se fixe pour objectif d'amener, en l'an 2000, 80 % des jeunes au niveau du baccalauréat (général, technique ou professionnel). À la fin des années cinquante, le taux d'élèves d'une classe d'âge se présentant au baccalauréat était de 10 % ; en 1970, il s'élevait à 30 %, et dépasse 58 % en 1992 et en 1998 il a encore augmenté de dix points. Ce fort accroissement des effectifs s'est accompagné d'innombrables problèmes touchant le budget de fonctionnement ; il a entraîné d'importants investissements pour l'État et pour les régions, depuis la loi de décentralisation. Néanmoins, la difficulté majeure des lycées tient au nouveau public qu'ils accueillent désormais. Car, jusqu'aux réformes mises en place par la Ve République, ces établissements étaient réservés aux enfants de la bourgeoisie, aux élèves boursiers méritants : en somme, ils accueillaient l'« élite ».

Les réformes Berthoin (1959), Fouchet (1963 pour le premier cycle et 1965 pour le second), Haby (1975) et la réforme du second cycle de 1980 ont contribué avant tout à la mise en place d'un véritable système éducatif. Traditionnellement, les lycées dispensaient un enseignement de type encyclopédique, sans souci de préparer à un métier. Les critiques qui leur étaient adressées dès le début du siècle portaient sur les contenus d'enseignement, chargés, selon certains, de lectures et de savoir « pour soi-même », faisant surtout appel à la mémorisation, constituant un socle intellectuel artificiel sans rapport avec les questions suscitées par l'évolution de la société. Actuellement, l'encyclopédisme est davantage critiqué pour la pesanteur des études, la surcharge des disciplines.

L'enseignement dispensé dans les lycées est aussi critiqué pour la rigidité des démarches pédagogiques, le maintien de l'examen comme mode d'évaluation, de brider le sens critique, la réflexion personnelle et la créativité.

EMPLOIS DU TEMPS DANS LES CLASSES DE SECONDE
(GÉNÉRALES ET TECHNOLOGIQUES)

	France	Allemagne	Italie	Espagne	Grande-Bretagne
Jours	180 à 200	180 à 200	180 à 200	170	180 à 200
Heures	1 050	1 280	1 035	1 120	720
Heures par jour	5 h 32	6 h 44	5 h 27	6 h 35	3 h 47

Jusqu'à la fin des années cinquante, les couches moyennes ou populaires n'ont guère accès qu'à l'enseignement primaire supérieur ou technique, qui peut éventuellement déboucher sur le baccalauréat. L'enseignement secondaire est alors constitué par une juxtaposition d'établissements : un élève peut être en sixième dans un cours complémentaire, dans un lycée classique ou moderne, ou encore dans ce qui est devenu, en 1959, le lycée technique. Le CAP peut être préparé dans une section technique du cours complémentaire ou dans un centre d'apprentissage (CA). Le choix de ces diverses scolarités est plutôt déterminé par l'origine sociale des enfants que par leurs résultats scolaires. Une enquête réalisée en 1962 par l'INED montre que 92 % des enfants de cadres supérieurs entrent en sixième, contre 42 % des enfants d'ouvriers et à peine 32 % des enfants d'agriculteurs.

La réforme de 1959, qui prolonge la scolarité obligatoire jusqu'à seize ans, puis la réforme Haby qui crée le collège unique ont réorganisé l'enseignement secondaire en articulant le collège aux enseignements du second cycle de type général, technologique, et par la suite professionnel. L'enseignement professionnel, outre le CAP, assure un nouveau diplôme : le BEP, préparé en deux ans après la troisième et visant à sanctionner une formation professionnelle plus large que celle des divers CAP. L'ancien collège d'enseignement technique (CET), devenu lycée d'enseignement professionnel (LEP), prépare les élèves issus de la troisième aux CAP en deux ans, et ceux issus de la quatrième, voire de la cinquième, aux CAP en trois ans. Depuis 1986, les LEP, dénommés lycées professionnels (LP), préparent aux baccalauréat professionnels.

La rénovation des lycées, initiée en 1989, porte sur l'organisation pédagogique (création des modules permettant l'acquisition des méthodes de travail et le développement d'aide personnalisée aux élèves) ; sur les structures par la réorganisation des parcours et la diversité des baccalauréats et, surtout sur les contenus d'enseignement. En 1993, les sciences expérimentales sont introduites et l'aménagement des séries L et ES avec l'introduction des sciences et des sciences économiques et sociales. En 1995, le nouveau programme d'histoire est introduit en seconde et des aménagements dans cette discipline en terminale.

Depuis 1998 la réforme proposée est essentiellement centrée sur des allégements de programmes notamment en seconde (français, sciences, sciences économiques et sociales, histoire et géographie et à l'exception des mathématiques). Néanmoins c'est la démarche de ces transformations qui est le plus innovante puisqu'elle diminue le poids de l'Inspection générale au profit de groupes d'experts chargés d'élaborer des programmes avant de les soumettre au Conseil national des programmes (CNP), organisme consultatif créé en 1989.

Les lycées et leurs publics

Les remaniements du second cycle secondaire ont sans doute favorisé la démocratisation de l'enseignement par l'augmentation des effectifs, mais le jeu des filières et des sections d'études y a accentué la hiérarchisation sociale des diplômes.

RÉPARTITION PAR NIVEAU DES ÉLÈVES DU SECOND DEGRÉ
SELON LEUR ORIGINE SOCIALE (2001/2002)

	CAP	BEP	Terminale professionnelle	Terminale générale	Terminale technologique
Agriculteurs	1,2	1,4	1,6	2,1	1,8
Artisans, commerçants,	5,5	6,6	7,0	7,8	8,0
Professions libérales et cadres supérieurs	3,9	4,9	5,3	29,8	12,1
dont professeurs	0,5	0,5	0,6	5,1	1,5
Professions intermédiaires	9,2	11,9	12,7	20,3	17,7
Employés	14,2	16,9	16,8	15,0	18,5
Ouvriers	40,0	39,1	38,0	16,6	28,4
Retraités	3,2	3,2	3,9	2,0	3,1
Chômeurs	17,1	12,4	10,9	4,6	7,9
Inconnu, sans objet	5,4	3,7	3,8	1,6	2,6
Ensemble	*100,0*	*100,0*	*100,0*	*100,0*	*100,0*

Source : RERS-MEN, 2002.

L'importance du baccalauréat général est liée à l'entrée dans l'enseignement supérieur, la filière S (scientifique) offrant les débouchés les plus prestigieux (grandes écoles, notamment). La réforme du baccalauréat de 1995, qui vise à rééquilibrer les filières, ne semble pourtant pas avoir modifié la ventilation des élèves. On note, en 2002, que plus le niveau de formation est élevé, plus la proportion d'élèves issus d'un foyer dont le chef de famille exerce une profession libérale, d'encadrement supérieur ou professeur à l'Université est importante. À l'inverse, les élèves issus de familles ouvrières ou au chômage sont proportionnellement plus nombreuses dans les enseignements technologiques et professionnels.

On observe également une différenciation par le sexe, qui semble marquer profondément les parcours scolaires. Les filles sont plus nombreuses à se présenter au baccalauréat. En 1998, toutes sections confondues, elles représentaient 55 % des effectifs. Cependant, elles sont surreprésentées dans les séries littéraires (81 % en terminale L) et tertiaires (63 % en terminale STT).

Par ailleurs, on observe que le taux de féminisation varie en fonction de l'origine sociale. Si les filles sont majoritaires dans l'accès au baccalauréat pour l'ensemble des couches sociales, elles ne le sont que légèrement parmi les enfants des cadres supérieurs ou

Type de diplôme	Filles	Garçons	Ensemble
Général	40,6 %	27,4 %	33,9 %
Technologique	22,6 %	19,6 %	21,1 %
Professionnel	12,1 %	15,9 %	14,9 %
Ensemble	75,4 %	62,9 %	69,0 %

Source : MEN-RERS, 2002.

moyens. Ce phénomène de différenciation est encore plus marquant parmi les enfants d'artisans, petits commerçants ou salariés agricoles, où les filles sont nettement plus nombreuses.

On peut supposer que les cadres supérieurs ont depuis longtemps favorisé la scolarisation aussi bien chez les filles que chez les garçons. Chez les cadres moyens, où le « capital culturel » représente l'essentiel du patrimoine familial, les efforts consentis pour que les filles poursuivent leurs études s'intègrent dans une stratégie de conservation ou d'acquisition de positions sociales plus valorisantes. Tandis que les artisans, petits commerçants ou agriculteurs, voire les ouvriers et employés, s'efforcent de prolonger la scolarité de leurs enfants afin de retarder leur entrée dans la vie active, où le taux de chômage des jeunes de 16 à 25 ans est l'un des plus importants ; ces familles intériorisent par là l'idée que le niveau de diplôme représente une assurance face aux aléas d'une carrière professionnelle [Charlot, Figeat, 1985]. Dans tous les cas, la discrimination par l'origine sociale et par le sexe marque fortement le choix des filières et des sections indépendamment des résultats scolaires.

L'organisation des études

Plus que d'autres niveaux d'enseignement, les lycées sont critiqués, pour l'organisation et les programmes de leurs études et pour leurs finalités sociales. Ces critiques, alimentées par l'idée d'une baisse du niveau des connaissances, portent sur la qualité des études, mais on leur reproche aussi de dispenser des savoirs sans relation avec les demandes sociales et économiques, de ne pas doter les élèves des capacités ou compétences exigées sur le marché du travail.

On constate par ailleurs que les lycées n'ont plus d'unité : le lycée d'enseignement général a peu de traits communs avec le lycée professionnel et moins aussi avec le lycée technique. Le premier forme des jeunes destinés à poursuivre des études supérieures longues sans se poser la question de l'usage immédiat des connaissances et savoirs acquis. Le lycée technique prépare les jeunes à poursuivre des formations de techniciens supérieurs dans les instituts universitaires de technologie (IUT), sanctionnées par un DUT, et les sections de techniciens supérieurs (STS) des lycées techniques préparent aux brevets de techniciens supérieurs (BTS). Le lycée professionnel reste le seul à avoir pour objectif de délivrer une formation débouchant directement sur la vie active (ouvriers et employés qualifiés).

La localisation géographique accentue les différenciations : les lycées des zones défavorisées connaissent des problèmes sociaux dont le système éducatif n'est pas responsable. Ces problèmes, le plus souvent considérés comme le lot des lycées professionnels, affectent cependant aujourd'hui les trois types de lycées. Mais il est vrai que la démocratisation des études a introduit une nouvelle population d'élèves « qui n'ont aucune idée, ni aucun désir de la culture légitime sur laquelle repose l'enseignement secondaire, car ils accèdent rarement aux meilleures filières et ils appréhendent le chômage après le lycée, ce qui ne les motive guère » [Prost, 1991].

Leur scolarité antérieure chaotique, qui ne les prépare pas au rythme du lycée, et une absence de méthode dans les études conduisent ces nouveaux lycéens à des comportements agressifs ou de refus, ce qui surprend et choque les enseignants dans leur travail pédagogique.

L'organisation des études pratiquée dans les lycées est mise en cause, mais les nouvelles orientations résultant des recommandations du Conseil national des programmes de novembre 1990 rencontrent bien des difficultés dans leur application. Après une première année — classe de seconde, dite de détermination, qui comporte un tronc commun important —, les élèves sont dirigés vers différentes filières afin de préparer la première et la terminale correspondant au type de baccalauréat envisagé. Les élèves de seconde ont, toutes filières confondues, le même horaire hebdomadaire (20 h 30) et le même programme en français, mathématiques, physique-chimie, biologie-géologie, langue vivante, histoire-géographie, éducation physique. À ces enseignements communs s'ajoutent les options que l'élève choisit parmi une quinzaine de disciplines.

La nouvelle organisation des études, mise en place depuis la rentrée 1992, prévoit deux démarches pédagogiques :

— les modules : il s'agit de trois heures hebdomadaires de travail en groupe restreint, portant sur trois matières dominantes de la section. Cela en vue de composer des groupes qui recevront une aide pédagogique adaptée (soutien ou approfondissement) ;

Nombre d'heures hebdomadaires	*1985/1986 : 30,7*	*1992/1993 : 30,2*	*1996/1997 : 30,2*
Sciences	28,7	30,0	29,3
Langues étrangères	17,9	18,7	19,6
Lettres	15,8	15,2	15,6
Sciences humaines	14,8	14,4	15,0
Disciplines techn. professionnelles	14,5	13,6	12,3
EPS	6,7	6,7	6,9
Arts/Informatique	1,6	1,4	1,3
Total	100,0	100,0	100,0

Source : DEP-MEN, *L'État de l'école*, 1998.

— les ateliers pratiques : d'une durée de deux heures par semaine, ils sont proposés aux élèves sans distinction de niveau de classe ou de série. Le choix des ateliers est laissé à chaque lycée en fonction de ses projets pédagogiques. Ils s'étendent à des domaines variés : technologie de l'information et de la communication, langues et cultures régionales, activités sportives spécialisées, arts appliqués, arts plastiques, cinéma, théâtre...

Une autre modification concerne :
— le regroupement des filières du baccalauréat en sept grandes voies de formations « d'égales valeur et dignité » ;
— le rééquilibrage des séries afin d'atténuer la suprématie de la « voie royale » S (scientifique), où se retrouvent les meilleurs élèves.

Chaque nouvelle filière comporte un bloc de 25 heures hebdomadaires de cours portant sur trois ou quatre disciplines dominantes, assorties de matières complémentaires de formation générale. Les modules, qui donnent lieu à des groupes restreints formés dès la seconde, constituent depuis la rentrée 1992 le modèle pour l'organisation des enseignements.

Jusqu'en 1991, les sections de terminale constituaient deux voies: une générale, comportant les sections A (littéraire et artistique), B (économique et sociale), C (mathématiques et sciences physiques), D (mathématiques et sciences de la nature) et E (sciences et techniques), et une technique, avec les sections F (dominante industrielle), G (secrétariat, commerce et comptabilité), H (techniques informatiques). Depuis 1992, trois voies de filières générales (littéraire, économique et sociale, scientifique) et quatre voies technologiques (sciences et techniques industrielles, laboratoire, tertiaire, sciences médico-sociales) composent les séries de baccalauréats.

En 1985-1986, la durée moyenne des enseignements hebdomadaires était de 30,7 heures et elle était encore de 30,2 heures en 1996-1997, soit 1 010 heures annuelles. Si l'on compare avec les autres pays, c'est l'une des plus longues, après les Pays-Bas (1 067 heures) et avant les États-Unis (980 heures) ou l'Allemagne (960 heures). Ces études, fortement cloisonnées par disciplines, sont pratiquement structurées autour des contrôles : en moyenne un élève reçoit une note tous les deux jours ouvrables de l'année scolaire [Barrère, 1997]. Cela implique une charge importante en dehors du lycée et exige de la part des élèves de fortes capacités d'organisation. Or, de telles capacités sont conditionnées par l'origine socioculturelle des élèves, par leur degré de familiarité avec les études secondaires leur permettant de comprendre les demandes des enseignants et de s'y adapter [Vasconcellos, 1998]. L'enseignement professionnel et l'apprentissage sont traités dans le chapitre V.

Une véritable institution : le baccalauréat

Le baccalauréat constitue actuellement, dans la carrière scolaire, un examen dont la valeur mythique imprime sa marque sur toutes les études ultérieures. Il devient également un rituel de passage de la vie adolescente à l'âge adulte.

Dans l'Université médiévale, le baccalauréat est le premier grade des facultés des arts. L'Université impériale, organisée en 1808, institue le baccalauréat comme aboutissement des études classiques et confirme cet examen comme premier grade universitaire. L'obtention du baccalauréat permet l'accès à toutes les « professions civiles » ; il est exigé pour entrer dans les grandes écoles et les grandes administrations d'État [Ponteil, 1966]. Il devient ainsi un « signe indéniable » de réussite sociale. Tout au long du XIXe siècle, on observe une diversification et un remaniement successif des épreuves. En 1861, le baccalauréat est ouvert aux filles, mais il faut attendre 1868 pour que deux candidates obtiennent ce diplôme [Lelièvre et Lelièvre, 1991].

Plusieurs ministres de l'Instruction publique de la IIIe République ont tenté de supprimer le baccalauréat (Émile Combes, Aristide Briand, etc.), mais se sont heurtés aux objections de la Fédération des professeurs de lycées qui n'a cessé de défendre sa validité et ses modalités, notamment lors des débats qui ont suivi la réforme des lycées de 1902 [Lelièvre, 1990].

Sous la IIIe République, le baccalauréat n'est accessible qu'à une faible minorité. En 1889, à peine 1 % d'une classe d'âge obtient cet examen et, en 1936, ce taux est encore inférieur à 3 %. Dans un essai sur le baccalauréat (publié en 1925, sous le titre *La Barrière et le niveau*), Edmond Goblot considère que la question pédagogique évoquée par les enseignants décidés à maintenir une « barrière » pour défendre la culture classique (fondée sur la connaissance du latin) dissimule en fait une question sociale et cherche à légitimer une distinction de classe [Prost, 1968].

Le baccalauréat constitue aujourd'hui un lourd dispositif que la direction des collèges et lycées a bien du mal à gérer. Le nombre de candidats ne cesse d'augmenter : en 1950, à peine 5 % d'une classe d'âge obtient cet examen ; en 1960, ce taux s'élève à 12 %, et en 2001 il atteint 78,6 %. Les coûts élevés et la mobilisation des professeurs, correcteurs et examinateurs, conduisent les responsables ministériels à élaborer des projets pour réduire le nombre des séries et des options, à remplacer l'examen final par un contrôle continu assuré par chaque établissement. Depuis 1969, certaines épreuves sont anticipées selon les filières (français, histoire-géographie, mathématiques, sciences physiques, langues…) dès la fin de la classe de première. Les notes obtenues (oral et écrit) étant comptabilisées l'année suivante avec celles des autres épreuves.

Les sujets d'examens sont élaborés dans des groupements d'académie représentant cinq zones territoriales, par des équipes enseignantes désignées par les recteurs. Les jurys sont constitués par des professeurs titulaires de l'enseignement général et technologique et présidés par un membre de l'enseignement supérieur. Selon le type de baccalauréat, les épreuves ne sont pas de même nature et les coefficients affectés aux diverses disciplines ne sont pas identiques. Ainsi, l'épreuve de mathématiques a un coefficient 2 en section L2 ou L3 (lettres et littérature), 4 en L1 (lettres-mathématiques) et 5 en section S (scientifique). À l'inverse, la philosophie a un coefficient 2 dans les sections à dominante scientifique et 5 dans celles à dominante littéraire. Les candidats ayant obtenu une moyenne inférieure à 8 sur 20 sont recalés ; à partir de 12, ils ont la mention « assez bien » ; à partir de 14, la mention « bien » ; et à partir de 16, la mention « très bien ». Pour les élèves ayant obtenu une moyenne de 8 à 10 sont prévues des épreuves de rattrapage (oral). Le taux de réussite au baccalauréat en 2003 s'est établi à 80 %, soit 1,3 % de plus qu'en 2002, présentant ainsi une hausse cantonnée et régulière depuis le début des années 90.

3. L'enseignement professionnel : une dualité d'institutions

La formation professionnelle des jeunes, axée sur la préparation à la vie active, débouche sur les diplômes professionnels : CAP (certificat d'aptitude professionnelle), BEP (brevet d'enseignement professionnel), sur le baccalauréat professionnel. Ces diplômes peuvent être préparés au sein du système scolaire dans les lycées professionnels ou dans le cadre de l'apprentissage professionnel. La différence fondamentale entre ces deux types de formation est liée au statut du futur candidat. Au LP, il est un élève qui se prépare à l'exercice d'un métier et suit un enseignement organisé en deux parties distinctes, général et technologique, d'une part, pratique en atelier ou en laboratoire, d'autre part. Il effectue des stages en entreprise d'une durée plus ou moins longue selon le niveau de formation. En apprentissage, le jeune est un apprenti, il est sous contrat avec une entreprise et suit une formation théorique et pratique dans un centre de formation d'apprentis (CFA). D'une manière générale, l'apprenti passe une semaine sur quatre au CFA.

Évolution historique

Cette dualité des institutions préparant aux mêmes diplômes tient à la longue histoire de la formation du personnel d'exécution (ouvriers et employés) et de sa lente intégration dans le système scolaire. L'apprentissage est en fait le mode le plus ancien de formation des ouvriers et des employés qualifiés. Il remonte au système de corporation et au compagnonnage. La loi Le Chapelier de 1791 mettant fin aux corporations avait créé un vide, notamment dans la formation des ouvriers de métier. Et le système éducatif français, construit sur un modèle intellectualiste et élitiste, a toujours manifesté un certain dédain à l'égard des activités techniques d'exécution, des hommes qui les exercent, de leur statut social et des traits psychologiques qu'on leur suppose. C'est ainsi que l'enseignement technique s'est développé en France à partir du sommet par la création des « grandes écoles » : l'École des ponts et chaussées (1747), l'École des mines (1783) et l'École polytechnique (1794). Dans ces écoles, et notamment à Polytechnique en 1824, soit trente ans après sa création, à peine 10 % des élèves devenaient officier ou ingénieur, fonction assignée à l'établissement. Les autres élèves s'engageaient dans diverses carrières (administration, enseignement, politique) où le fait d'avoir suivi Polytechnique constituait, pour une certaine élite, une base de légitimation [Léon, 1968].

Une autre caractéristique du système d'enseignement français est que des établissements initialement destinés à accueillir un public populaire et à dispenser une formation élémentaire se transforment en institutions réservées à un public strictement sélectionné où le niveau de l'enseignement tend à s'élever [Saint-Martin, 1971]. Ainsi, les premières écoles d'arts et métiers destinées, au début du XIXᵉ siècle, à former des ouvriers ou des contremaîtres se changent peu à peu en écoles d'ingénieurs. Et le Conservatoire des arts et métiers, conçu en 1794 pour recevoir un vaste public, était déjà devenu en 1819 la « haute école d'application de la science, du commerce et de l'industrie » [Léon, 1968].

L'apprentissage avait peu à peu disparu, il revient avec les écoles de fabrique intégrées à l'usine (Schneider au Creusot, Chaix imprimeur à Paris, etc.). Elles accueillent des apprentis de douze à quinze ans, mais ne délivrent pas une formation complète d'ouvrier. On s'achemine alors vers les écoles d'apprentissage à l'initiative des sociétés industrielles, des chambres de commerce ou des municipalités (comme celle de la Ville de Paris, devenue lycée technique Diderot, créée en 1873, ou celle de la Ville du Havre, créée en 1867). La loi de décembre 1880 prévoit que dans « les écoles publiques d'enseignement primaire complémentaire le programme comprend des cours d'enseignement professionnel ». C'est le développement de l'enseignement primaire supérieur, qui devait se calquer sur le modèle de l'enseignement « préparatoire à l'apprentissage » [Prost, 1968]. En 1892, le ministère du Commerce obtient le droit d'ouvrir les écoles pratiques du commerce et de l'industrie (EPCI). À partir de 1900 sont créées des écoles professionnelles (six à Paris) et dans plusieurs autres villes des écoles nationales professionnelles (ENP). Celles-ci forment des ouvriers qualifiés et de métier et des contremaîtres.

Les cours professionnels. — La création de ces écoles professionnelles ou d'apprentissage ne parvient pas à pallier le manque de formation d'un nombre important d'ouvriers. Les cours du soir connaissent un vif succès : en 1905, on comptait 95 000 auditeurs. Le développement de l'enseignement professionnel élémentaire suscite des préoccupations à la fois techniques et sociales. C'est d'abord la loi Astier de 1919, qui institue l'obligation des cours professionnels pour les jeunes de moins de dix-huit ans. Elle sera suivie de la loi Astier de 1925, qui institue la taxe d'apprentissage imposant aux entreprises de s'engager financièrement dans la formation des apprentis, et par la loi de 1928, qui introduit le contrat d'apprentissage.

Dès le début de la Seconde Guerre mondiale, le décret du 21 septembre 1939 essaie de mettre en place des centres de formation professionnelle chargés d'assurer une formation technique. Dans la période d'après-guerre, sont créés des centres d'apprentissage (CA) qui forment des ouvriers qualifiés préparant un CAP.

L'apprentissage professionnel fait l'objet d'une réglementation spécifique en 1960, puis est réorganisé à partir de la loi de juillet 1971 et celle de 1987 qui permet la préparation de tous les diplômes de l'enseignement technologique. Le code juridique précise l'allongement de la durée annuelle de formation théorique (360 heures en

1971, 420 heures en 1987), et limite l'accès de ces formations aux jeunes ayant accompli la scolarité obligatoire jusqu'à seize ans. La qualité de l'apprentissage est assurée par les conditions d'agrément des employeurs susceptibles d'embaucher un apprenti, ainsi que par la création d'une inspection d'apprentissage. L'apprenti bénéficie d'une rémunération, en fonction de son âge et de son niveau de formation (de 15 % du SMIC pour les jeunes de seize ans dès le premier semestre de formation du CAP, jusqu'à 75 % du SMIC en fin de formation). Cette formation ne peut être dispensée que dans les CFA. Ceux-ci dépendent d'organismes tels que la chambre du commerce et de l'industrie ou la chambre des métiers, d'organismes privés ou paritaires, etc.

Le public des formations professionnelles

On assiste à une baisse des effectifs préparant des diplômes professionnels, notamment depuis 1985. Les données varient cependant selon le mode de formation (à temps complet en LP, en alternance dans les CFA), selon le type de diplôme et la spécialisation des métiers ou des techniques. Les LP sont les plus touchés par cette baisse due à la suppression des classes préparant des CAP. L'extension de l'apprentissage à l'ensemble des diplômes professionnels a en revanche favorisé l'évolution de son image. L'ouverture de l'accès à une grande école comme l'ESSEC ou à des diplômes d'ingénieurs par la voie de l'apprentissage a transformé la vision traditionnelle de ce mode de formation destiné plutôt à ceux recalés du système scolaire [Chastand, Lemaire, 1996]. D'ailleurs, le nombre d'apprentis ne cesse de progresser : + 58 % entre 1990 et 2000 et une augmentation de 1,6 % en 2002 notamment chez les jeunes (15-25 ans) qui, par ailleurs, connaissent une régression démographique (– 4,5 % depuis cinq ans). Cette progression est plus accentuée parmi ceux qui préparent des diplômes supérieurs ou équivalents au baccalauréat (+ 33 % entre 1999-2000 et 2001-2002). On observe également une légère diminution des apprentis préparant les CAP (– 1,8 %) ou BEP (– 0,6 %) (MEN-DPD, 2003).

Les BEP, rénovés depuis 1988, apparaissent désormais comme la voie d'accès au bac professionnel. En LP, on distingue deux grands groupes de formations : secondaire et tertiaire. Dans le premier, les spécialités choisies sont par ordre décroissant : « mécanique », « électricité », « habillement et travail des étoffes », « construction métallique ». Dans le second, le groupe tertiaire, qui rassemble un nombre plus important d'élèves, les spécialisations les plus recherchées sont : « techniques financières et comptables », « secrétariat », « commerce et distribution » et « santé, services sociaux ».

Diplôme préparé	1970-1971		1980-1981		1990/1991		2001/2002	
	LP	CFA	LP	CFA	LP	CFA	LP	CFA
CAP	475	232	429	222	142	194	46	74
BEP	98	—	183	—	452	—	128	—
BP	—	—	—	—	—	8	—	32
Bac pro	—	—	—	—	94	4	129	30
Total	573	232	612	222	688	207	303	136

Source : MEN-DPD, 2003.

En apprentissage, quatre groupes de formations sont dominants :
« commerce et distribution » (13,1 % des effectifs), « soins
personnels » (11,2 %), « mécanique » (10,5 %), « boulangerie-
pâtisserie » (10,1 %). À eux seuls, ils rassemblent plus de
200 000 apprentis. Mais aucune formation ne prépare à l'administration ou au secrétariat.

D'une manière générale, l'enseignement professionnel reste
profondément masculin, notamment en CAP, où l'on comptait 35 %
de filles en 2002. En apprentissage, près de trois apprentis sur quatre
sont des garçons. Cette répartition selon le sexe varie en fonction
des spécialités. Dans les lycées professionnels, les filles représentent 77 % des effectifs préparant un métier tertiaire, contre 14 %
dans les formations secondaires, et elles forment 97 % des effectifs
dans la spécialité « habillement et travail des étoffes ». En apprentissage, les effectifs féminins se concentrent dans les spécialités
« commerce et distribution » (35 %), « soins personnels » (32 %) et
« santé, services sociaux » (15 %).

L'origine sociale et scolaire des jeunes en LP et en CFA

Une vision assez répandue tend à associer les LP ou l'apprentissage à un type d'enseignement plutôt destiné aux « ratés du système
scolaire », à ceux qui ont été rejetés par l'école. Pourtant, l'enseignement professionnel, destiné dès le départ à former des
personnels d'exécution, bénéficiait jusqu'à la fin des années
cinquante d'une image plutôt favorable auprès des familles
ouvrières. Il représentait une voie de promotion sociale, une possibilité d'accès à des emplois qualifiés pour ceux qui n'avaient qu'une
scolarisation primaire. La prolongation de la scolarité obligatoire à

seize ans et donc la scolarisation générale de toute une génération ont modifié cette perception, réduisant l'enseignement professionnel à une sorte de filière de relégation pour les élèves en difficulté scolaire. Néanmoins, lorsqu'on analyse la composition sociale des élèves de LP ou des apprentis, on observe une grande hétérogénéité des publics, due autant à l'origine sociale et professionnelle des parents qu'à la scolarité antérieure.

Les élèves de LP et les apprentis de CFA se différencient notamment par la spécialité du métier préparé et par le niveau de la formation entamée. Ainsi, la préparation d'un CAP de mécanique générale ou de maçonnerie ne correspond pas aux mêmes critères de choix et de sélection que celle d'un CAP d'électrotechnique, ou encore celle d'un BEP d'électronique ou d'hôtellerie. Les premiers accueillent des élèves qui présentent les résultats scolaires antérieurs les plus mauvais et qui ont été orientés vers l'enseignement professionnel dans des spécialités réputées exiger moins de connaissances générales ou abstraites. En revanche, l'électronique est considérée comme une spécialité de « haut niveau » dans la hiérarchie des formations professionnelles en LP ou en CFA.

Les origines scolaires des effectifs de LP et de CFA tendent à se modifier : en 1985, les apprentis présentaient une scolarité parsemée d'échecs scolaires, issus massivement de SES, CPPN ou CPA (58 %). En 2000, les apprentis préparant un CAP issus de ces classes de relégation ne représentent que 26 % et ils sont jusqu'à 23 % à avoir préparé une 3e générale. Néanmoins, ces jeunes semblent intérioriser leur inaptitude scolaire, espèrent devenir ouvriers ou employés en préparant un CAP ou un BEP, et par là s'insérer rapidement sur le marché du travail. Certes, les élèves de LP ou de CFA sont essentiellement issus de couches populaires (environ 50 % d'entre eux ont un père ouvrier, 12 % à 15 % un père employé). Mais on trouve aussi en LP quelques enfants issus des couches moyennes, ou en apprentissage des jeunes issus de familles d'artisans, de petits commerçants ou d'agriculteurs. S'ils restent profondément marqués par leur origine populaire et leur échec scolaire, lorsqu'on les interroge sur le choix de leur métier ou de la technique préparée, ils sont cependant nombreux à exprimer leur satisfaction à l'égard de ces formations, et à rester optimistes même s'ils ont rencontré des difficultés dans leur scolarité antérieure [Œuvrard, 1990].

Certes, cette attitude peut relever d'une certaine rationalisation, ou d'une justification de leur condition scolaire et professionnelle ultérieure. Mais pour ces jeunes en situation d'échec scolaire, entamer une formation fondée sur la pratique professionnelle, sur le « faire », est valorisant et leur laisse espérer l'acquisition d'un diplôme, fût-ce un CAP, une « autre manière d'apprendre » au sein du système scolaire, un autre contact avec des enseignants qui sont d'origine ouvrière et eux-mêmes d'anciens élèves de l'enseignement professionnel. Les apprentis, de leur côté, ont le sentiment d'être en rupture avec le système scolaire. Ils ne voient dans la formation en CFA qu'un complément à leur activité professionnelle dans une entreprise [Vasconcellos, 1990].

L'organisation des études

Les établissements d'enseignement professionnel sont les seuls à être directement soumis à la sanction des employeurs locaux. D'une part, ils sont redevables aux entreprises locales de la taxe d'apprentissage, versée aux établissements d'enseignement, qui représente une part importante de leurs ressources. En outre, les entreprises participent à la maintenance des outils et machines utilisés dans les ateliers ou laboratoires. Ces établissements sont donc contraints de pratiquer une bonne gestion afin de s'assurer une bonne image auprès des employeurs. D'autre part, les employeurs sont partie prenante dans le choix du thème d'examen pratique et participent aux jurys d'examens. Les programmes des CAP, BEP ou bac professionnels sont d'ailleurs élaborés conjointement par les employeurs, les personnels enseignants et les représentants du ministère de l'Éducation nationale dans la commission paritaire consultative (CPC) : à partir d'un « référentiel d'emplois » présentés par les représentants des branches professionnelles, la CPC propose un « référentiel de formation », un programme décomposé étape par étape, qui prévoit, pendant la durée de la formation, l'acquisition par les élèves ou apprentis des savoirs jugés indispensables à l'exercice d'un métier ou d'une technique.

Dans un LP ou dans un CFA, l'enseignement s'organise autour de l'apprentissage technique et professionnel. Sa place prépondérante contribue à reléguer l'enseignement général au second plan. C'est ainsi qu'en LP, plus de 60 % du temps hebdomadaire d'enseignement est consacré aux travaux pratiques, à l'expérimentation et à la technologie. En LP comme en CFA, c'est un même enseignant qui la plupart du temps assure l'enseignement de la technologie et l'enseignement pratique en atelier.

La pédagogie pratiquée par les LP ou les CFA se veut active, élaborée à partir du concret, et l'enseignement se réalise « toujours avec un outil à la main ». L'enseignement des mathématiques, éloigné des connaissances générales, doit toujours déboucher sur une application [Grignon, 1971]. Le français, devenu « expression écrite ou orale », fait ici l'objet d'un enseignement codifié (fondé par exemple sur des exercices d'expression ou de communication de la vie quotidienne) transmis par un procédé formalisé (compléter des phrases, choisir la formule exacte).

Cette organisation des études entraîne une distinction importante chez les enseignants : ceux qui assurent l'enseignement général relèvent du corps des certifiés ; ceux qui sont chargés de l'enseignement technologique ou pratique étaient, jusqu'en 1984, recrutés sur le critère d'une expérience professionnelle (d'ouvrier ou de technicien). Depuis, le recrutement des professeurs de lycées professionnels (PLP) s'effectue parmi les techniciens supérieurs titulaires d'un DUT ou d'un BTS et ayant reçu une formation pédagogique dans les IUFM, venus remplacer les anciennes ENNA (écoles nationales normales d'apprentissage) [Tanguy, 1991].

Un enseignement en alternance

Depuis 1979, les séquences éducatives en entreprise font partie intégrante des formations en lycée professionnel. Leur durée varie de douze à vingt-quatre semaines sur deux ans, selon le niveau de formation et en fonction des spécialités professionnelles. La période de stage vise surtout à familiariser l'élève avec la vie de l'entreprise (horaires, discipline, relations hiérarchiques, etc.), à l'habituer à travailler sur des équipements ou des installations en situation réelle et à s'intégrer dans une équipe de travail. En entreprise, l'élève est suivi par un tuteur, qui de plus en plus reçoit une formation pédagogique dans les lycées professionnels.

Selon les enquêtes réalisées, les jeunes sont unanimes à les juger bénéfiques pour leur formation, même s'ils déplorent de se voir confier certaines tâches subalternes ou répétitives. Là encore, l'appréciation varie selon la taille de l'entreprise et le secteur d'activité. Les jugements les plus positifs concernent les stages effectués dans de grandes entreprises et dans les secteurs les plus modernes (par exemple, à la RATP ou à la SNCF pour certains métiers industriels, et dans les banques ou à la Sécurité sociale pour le tertiaire). Cependant, étant donné les lacunes plus ou moins graves de leurs connaissances de base (expression écrite et orale, orthographe, calcul élémentaire), ces jeunes ne peuvent espérer une embauche dans les meilleures places. Les élèves préparant le baccalauréat professionnel apparaissent comme les plus aptes à postuler à un emploi à la suite de ces stages. Néanmoins, lors de leur embauche, ils sont le plus souvent confrontés à une dévalorisation de leur niveau de formation et cantonnés, au début, à des emplois d'exécution (d'ouvriers ou d'employés), alors qu'ils aspiraient à des postes d'encadrement moyen ou de techniciens.

Pour l'apprenti, l'entreprise où il passe la plupart de son temps est la composante essentielle de l'alternance. Les maîtres d'apprentissage constituent les piliers du système de formation. Là encore, on observe des différences importantes selon les secteurs d'activité et la taille des entreprises. Il est vrai que celles qui embauchent un apprenti sont à 75 % environ de type artisanal (moins de dix salariés), voire sans aucun salarié (près de 30 %), où l'apprenti n'est en relation qu'avec l'artisan. Cette proximité de l'apprenti avec un artisan ou un ouvrier a des conséquences sur son apprentissage technique ou professionnel, mais aussi moral. Le petit patron développe un rapport de travail et d'autorité différent de celui de la moyenne ou grande entreprise. La transmission d'une certaine culture de métier, fondée sur la responsabilité, le dévouement, l'amour du travail bien fait, le paternalisme ou le corporatisme (individualisme au niveau de la profession), constitue l'une des préoccupations des maîtres d'apprentissage. La conviction que l'acquisition d'un savoir-faire exige un certain laps de temps et la diversité des expériences professionnelles amène ces petits patrons à privilégier l'acquisition d'un certain type de comportement ou d'attitudes professionnelles. Cette action de formation qui, au-delà de l'acquisition d'un métier, favorise l'intégration sociale se révèle d'une certaine efficacité, notamment pour les jeunes que les problèmes familiaux ou scolaires ont empêchés d'intérioriser des principes, des repères socio-professionnels.

L'alternance en lycée professionnel ou en apprentissage facilite l'insertion professionnelle des jeunes. Même si les entreprises ne sont pas tenues d'embaucher un apprenti suite à l'obtention de son diplôme, elles lui permettent de s'insérer dans un réseau professionnel où le maître d'apprentissage s'avère un agent important du recrutement ultérieur. Dans les lycées professionnels, les élèves profitent de leurs stages en entreprises pour nouer des contacts qui leur permettent au moins de connaître les conditions d'embauche, les démarches à suivre, les éventuelles possibilités dans le secteur d'activité auquel ils se destinent [Agulhon, 1994 ; Askouni, Van Zanten, 1996 ; Monaco, 1993 ; Vasconcellos, 2003].

V / L'enseignement supérieur

Les élèves de terminale peuvent demander une inscription dans un établissement de l'enseignement supérieur, selon les sections choisies et leur dossier scolaire, avant même les résultats du baccalauréat. Différentes voies de l'enseignement supérieur s'offrent à eux :

• *Études universitaires :* en principe, seule la possession du baccalauréat est requise. La préinscription effectuée dès la terminale correspond aux vœux du candidat et à la distribution par le rectorat des affectations, dans les diverses universités de l'académie. Une fois bachelier, le candidat doit acquitter des droits d'inscription qui varient autour de 150 euros (pour la rentrée 2002). Les études universitaires se déroulent en trois cycles. Le premier cycle correspond au DEUG (diplôme d'études universitaires générales), organisé en unités d'enseignement (UE) sur deux ans. Chaque université dispose d'une large marge de manœuvre afin de composer ce cursus, qui reste néanmoins attaché à une discipline (histoire, géographie, lettres modernes, psychologie, etc.). L'obtention du DEUG permet l'accès au deuxième cycle composé de la licence (préparée en un an) et suivie d'une maîtrise, d'une durée d'un an. Le troisième cycle comporte une bifurcation : le DEA (diplôme d'études approfondies), préparé en un an, qui permet l'inscription en doctorat ; le DESS (diplôme d'études supérieures spécialisées), préparé en un an et qui débouche sur la vie professionnelle.

• *Sections de techniciens supérieurs :* préparant sur deux ans le BTS (brevet de technicien supérieur), dans les lycées techniques (STS).

• *Instituts universitaires de technologie (IUT)* : préparant sur deux ans un diplôme universitaire de technologie (DUT). Les IUT sont rattachés à une université.

• *Écoles spécialisées* : préparant à divers diplômes, notamment de commerce, gestion, arts, carrières paramédicales, etc. La durée des études varie selon les secteurs professionnels choisis.

• *Classes préparatoires des grandes écoles (CPGE)* : préparant au concours d'entrée à ces écoles.

Le recrutement dans les IUT, dans les STS et dans les écoles spécialisées s'effectue par concours ou sur dossier, où les résultats scolaires jouent un rôle déterminant. Ces établissements pratiquent le *numerus clausus*, et le nombre important de candidats leur permet de pratiquer une sévère sélection. Les étudiants ou élèves qui s'y voient refusés s'orientent généralement vers l'enseignement universitaire de premier cycle (DEUG).

1. Les caractéristiques de l'enseignement supérieur

L'un des traits qui distingue l'enseignement supérieur français est la diversité de ses filières. Chacune d'elles, fortement structurée, se caractérise par l'organisation de ses études, ses modalités pédagogiques, les formes de recrutement de son public. Certes, dans tous les pays, l'enseignement supérieur comporte des différenciations de prestige. En France, cependant, cette distinction apparaît de façon plus précoce et plus définitive, notamment celle qui oppose les grandes écoles et les universités proprement dites.

En fait, l'enseignement supérieur réunit deux systèmes : l'un fondé sur le concours et l'autre d'accès libre à tous les bacheliers. Dans un cas comme dans l'autre, que ce soit par l'élimination progressive effectuée dès l'entrée à l'école ou par différents mécanismes d'orientation, sitôt après le baccalauréat, le choix d'une voie est tracé. Le succès au concours d'une grande école assure l'accès à l'élite économique et politique, et ici l'implication des différences sociales est évidente. Ainsi, le choix entre ces deux filières est précoce, il est déterminé dès l'enseignement secondaire en fonction des succès obtenus par l'élève [Reynaud, Grafmeyer, 1981]. Cette distribution inégale d'accès à l'une ou l'autre filière s'opère par des différenciations d'origine sociale et selon le sexe (les filles ne faisant pas les mêmes études que les garçons), mais à travers des mécanismes culturels. Les étudiants les plus favorisés bénéficient non seulement d'habitudes, d'entraînements et d'attitudes qui les avantagent dans leur travail scolaire, mais ils héritent en outre de savoirs, de savoir-faire, de formes de « goût ». Cet héritage culturel, transmis de façon implicite, indirecte, sans effort méthodique ou en l'absence d'une action manifeste, ne peut que « favoriser les étudiants favorisés » [Bourdieu, Passeron, 1964].

La sélection qui sépare ces deux filières provoque d'autres effets : l'écrémage réalisé par les grandes écoles entraîne une certaine dévalorisation des universités, qui touche non seulement le prestige de leurs diplômes, mais aussi le développement de leurs activités intellectuelles ou scientifiques. Les grandes écoles, par le type d'enseignement qu'elles dispensent, par leur corps enseignant très spécialisé, recruté parmi les anciens élèves, tendent à transmettre, d'une génération à l'autre, à peu près le même type de savoir ou de connaissances. Les universités, pour leur part, confrontées à un accroissement des effectifs, offrent un enseignement qui est aujourd'hui fortement critiqué, tant pour la nature des contenus, jugés peu aptes à répondre aux demandes de la sphère productive, que pour le rendement des études ; on observe un décalage important entre le nombre des étudiants inscrits et celui des diplômés. Cependant, les universités ont mis en place, depuis la fin des années soixante-dix, des filières « d'excellence », maîtrises de sciences et techniques (MST), magistères, DEA ou DESS dont le recrutement se révèle fort sélectif. Par ailleurs, en France, les lieux de recherche sont partiellement dissociés des universités. Les grands laboratoires relèvent du Centre national de recherche scientifique (CNRS) et, dans le meilleur des cas, ne sont qu'associés à l'enseignement supérieur. Les grandes écoles traditionnellement ne disposaient pas de laboratoires de recherches. Mais, dès le début des années quatrevingt, plusieurs d'entre elles s'associent aux universités pour développer des activités de recherche et pour participer à la délivrance des DEA ou des doctorats.

2. Les classes préparatoires

Créées dès le XVIIIe siècle, les grandes écoles étaient à l'origine des écoles spéciales destinées à former les grands corps d'État. L'Université constitue plutôt un lieu d'élaboration d'une culture, de diffusion des idées et reste attachée aux fonctions de formation des enseignants de lycées, de membres des professions libérales et du secteur privé. Les grandes écoles continuent de former les cadres de l'État. Dès le départ, l'Université s'est trouvée éloignée de la sphère économique, située à un niveau social inférieur à celui des grandes écoles. Les conditions d'accès à celles-ci ne permettent pas l'admission de couches sociales moyennes ou inférieures. Pour avoir quelque chance de réussir à ces concours, les candidats doivent suivre, après le baccalauréat, un enseignement spécialisé dans les CPGE (classes préparatoires au grandes écoles). Ces classes supérieures sont localisées dans quelques grands lycées. Leurs effectifs ont connu une augmentation importante entre 1960 et 1990, passant de 21 000 à 64 000 et, en 2003, ils représentent 71 000 élèves. Ces formations restent à forte dominante masculine (61 % d'hommes).

3. Les transformations dans la composition sociale des étudiants

L'expansion du nombre des étudiants a été très forte. En l'espace d'un siècle, leur nombre s'est multiplié par trente : de 30 000 étudiants en 1890 à 1 500 000 en 1990. Cet accroissement des étudiants continue avec 1 700 000 étudiants en 1992 suivi d'une diminution puisqu'en 2003 le nombre d'inscrits est de 1 400 000. Cette croissance des effectifs est particulièrement nette entre 1960 et 1970, avec un taux moyen annuel de 10,6 %. Elle s'est affaiblie dans la décennie suivante (1970-1980) : 3,7 % par an en moyenne. La fin des années quatre-vingt a connu une nouvelle envolée : entre 1988 et 1990, 200 000 étudiants supplémentaires se sont inscrits dans les formations universitaires, soit une augmentation de 7,2 % par an. La France connaît alors l'un des taux les plus élevés du nombre d'étudiants par habitant : 25 ‰ en 1990.

Mais depuis 1996, l'enseignement supérieur affiche une légère diminution des effectifs : en moyenne, moins de 1,3 % par an. En 2001-2002, on constate une hausse de 0,4 % tendant ainsi vers une stabilisation. C'est pourtant l'université qui accueille le plus de nouveaux bacheliers puisqu'un sur deux s'oriente vers les études universitaires. Par ailleurs, on dénote, en 2002, une légère baisse des étudiants du second cycle universitaire (– 0,8 %) et la poursuite de la croissance des effectifs en troisième cycle : + 2,8 % suite à la hausse de 2,5 % en 1999 et 3,9 % en 2000.

Les sciences économiques (+ 3,3 %) et les sciences pour l'ingénieur présentent une hausse des effectifs tandis que les langues accentuent leur baisse (– 6,2 %) de même que les sciences de la vie et structure de la matière (– 5,2 %) qui démontrent ainsi les tendances de l'orientation des étudiants dans les filières universitaires. Plus importante est la baisse des effectifs en STAPS : depuis une forte croissance jusqu'en 2000 (+ 10,8 %), ils diminuent de 0,8 % en 2002. Les IUT recrutent aussi moins d'étudiants (– 1,0 %) ainsi qu'en pharmacie (– 3,1 %). Les STS continuent d'attirer des jeunes puisqu'ils connaissent une croissance soutenue entre 1980 et

	1980-1981	1990-1991	1995-1996	1997-1998	2001-2002
Universités	855	1 172	1 360	1 300	1 404
Disciplines générales et de santé					
dont : écoles d'ingénieurs dépendantes des universités	8	17	24	25	31
IUT	54	74	103	112	118
STS	67	199	225	233	70
CPGE	40	67	76	78	60
Écoles d'ingénieurs indépendantes des universités	29	40	51	53	70
École de commerce, gestion et comptabilité	16	46	50	46	60
Établissements privés d'enseignement universitaire	16	20	22	21	20
Écoles normales d'instituteurs/ IUFM	11	16	84	81	84
Écoles normales supérieures	3	3	3	3	3
Écoles juridiques et administratives	7	7	6	6	12
Écoles supérieures d'art et d'architecture	33	42	52	48	56
Écoles paramédicales et sociales ...	92	70	85	83	98
Autres écoles	6	12	15	19	27
Total	*1 237*	*1 785*	*2 156*	*2 108*	*2 160*

Source : RERS-MEN, 2002.

1990 (+ 11,5 %) et présentent une stabilité avec une progression en moyenne, depuis 1999, de 0,5 % par an (MEN-DPD, 2003).

Ces dernières ont bénéficié de la rénovation des BTS dans leurs contenus et dans leurs appellations. Néanmoins, les difficultés de leurs élèves à poursuivre des études, au-delà du diplôme professionnel, expliquent la progression mesurée de celles-ci. C'est le cas également des écoles paramédicales et sociales qui ont perdu près du quart de leurs effectifs. Les difficultés des débouchés professionnels justifient également la désaffection pour certaines filières d'études ou des disciplines à l'université. Ainsi les écoles de commerce et de gestion, relevant de l'enseignement privé, après avoir triplé leurs effectifs entre 1980 et 1990, accusent une régression sensible avec une perte de près de la moitié, depuis 1995, de leurs élèves. Ici, le coût élevé de ces études et les difficultés d'accès à des emplois prestigieux et à des bons salaires pour des débutants

ORIGINE SOCIOPROFESSIONNELLE DES ÉTUDIANTS FRANÇAIS
PAR GROUPES DE DISCIPLINES EN 2001-2002

CSP	Droit	Économie	Lettres	Sciences et STAPS	Santé	IUT	CPGE	STS	Autres enseignements	Ensemble
Agriculteurs	1,6	2,2	1,8	2,3	1,5	3,2	2,0	5,2	2,5	2,5
Artisans, commerçants	8,1	8,1	6,2	6,6	5,1	8,0	7,2	8,6	8,6	7,3
Chefs d'entreprise Professions libérales, Cadres supérieurs	37,1	29,8	27,2	35,8	43,9	26,2	50,1	14,7	34,2	31,2
Professions intermédiaires	13,1	14,2	16,7	17,7	15,3	20,0	14,9	16,9	13,2	15,8
Employés	13,4	13,4	13,7	12,5	6,4	15,4	8,9	17,0	8,6	12,4
Ouvriers	9,2	12,5	11,4	10,6	4,9	16,0	5,3	21,5	5,5	10,9
Retraités, inactifs	11,5	12,8	13,2	8,6	6,6	7,5	7,2	11,9	6,6	10,0
Indéterminés	6,0	7,0	9,7	5,9	16,3	3,7	4,2	4,3	20,8	9,8
Effectifs (1)	157	139	432	290	123	112	64	215	326	1 851

(1) Par milliers.

Source : RERS-MEN, 2002.

expliquent ce net recul des effectifs. Les formations d'ingénieurs universitaires ou privées qui ont vu leurs effectifs doubler entre 1982 et 1992 connaissent un ralentissement de cette progression : + 6 % par rapport à la rentrée 2000.

D'une manière générale, le taux de scolarisation de la génération des 19-21 ans, en France, reste l'un des plus élevés puisque, selon l'OCDE, en 2000, les jeunes Français, ont une espérance moyenne de scolarisation supérieure de 2,6 années, derrière l'Espagne (2,7) et la Finlande (4,1) mais devant l'Allemagne (2,0) ; les Pays-Bas (2,1) ; la Suède (1,7) et le Royaume-Uni (1,7) (OCDE-CERI, 2002).

L'accroissement général du nombre d'étudiants s'est accompagné d'une transformation dans leur composition sociale. Certes, la proportion d'étudiants issus de classes supérieures s'est consolidée entre les années soixante et la fin des années quatre-vingt. Mais ceux d'origine sociale moyenne sont sensiblement plus nombreux, notamment les enfants de commerçants, d'artisans, de paysans ou d'agriculteurs. Par ailleurs, les étudiants d'origine ouvrière, même s'ils restent les moins bien représentés dans l'enseignement supérieur, ont néanmoins vu leur nombre s'accroître.

La transformation est aussi marquante sur un autre plan : la féminisation de la population étudiante. Sur l'ensemble des étudiants inscrits, en 2002, dans les universités, les femmes représentaient 58 %. Mais ces changements — accroissement des effectifs d'origine populaire et féminisation — laissent subsister de sensibles inégalités. Ainsi, les femmes sont plus nombreuses en premier et en deuxième cycle universitaire (57 % et 58 % respectivement) et sont à égalité en 3e cycle. Mais des différences importantes apparaissent d'une discipline à l'autre : elles sont majoritaires en Lettres (65 %) ; en Langues (69 %) ou en Sciences humaines (67 %).

Les hommes sont majoritaires en sciences (66 %), dans les écoles d'ingénieurs (70 %), en STAPS (68 %) et dans les IUT (60 %).

L'origine sociale apparaît comme un important facteur de différenciation entre les disciplines : plus de la moitié des inscrits aux études médicales sont issus des classes supérieures. Les étudiants issus de familles ouvrières sont davantage représentés dans les études littéraires ou dans les IUT. La durée des études est un autre facteur de différenciation selon les catégories sociales : les étudiants issus de couches supérieures représentent près de 40 % des effectifs préparant un troisième cycle.

Simultanément, l'enseignement supérieur a évolué dans son contenu : multiplication et développement des établissements, création de nouvelles institutions (IUT, IUFM, IUP), apparition de nombreuses filières et spécialités (AES, MASS, LEA), de nouvelles disciplines (informatique, communication ou information).

CSP	Premier cycle		Deuxième cycle		Troisième cycle		Ensemble	
	H	F	H	F	H	F	H	F
Agriculteurs	1,7	2,4	1,8	2,5	1,2	1,7	1,6	2,4
Artisans, commer-çants, chefs d'entreprise	7,1	7,1	7,9	7,0	5,0	5,5	6,7	6,9
Professions libérales, cadres supérieurs	32,4	28,0	36,3	33,0	36,1	35,9	34,3	30,8
Professions intermédiaires	17,4	17,1	16,4	16,5	13,0	13,0	16,4	16,3
Employés	14,2	15,2	11,8	12,6	7,0	7,0	12,3	13,2
Ouvriers	12,1	13,8	9,5	10,3	4,8	5,0	10,1	11,4
Retraités, inactifs	9,4	10,5	11,3	11,7	11,7	10,5	10,4	10,9
Indéterminés	5,8	6,0	6,0	6,4	21,2	21,3	8,2	8,1
Ensemble	100,0	100,0	100,0	100,0	100,0	100,0	100,0	100,0

Source : MEN-RERS, 2002.

Cette évolution de l'enseignement supérieur est liée aux modifications structurelles dans la composition de la population active et notamment à l'accroissement des postes de techniciens, cadres moyens et supérieurs ou d'ingénieurs au détriment des catégories ouvrières ou paysannes. Ces mutations dans le champ économique ont favorisé une demande sociale de diplômés.

De plus, l'élévation du niveau de scolarisation des jeunes, inscrite dans la stratégie des familles en vue de se prémunir contre les aléas du marché du travail, de préserver ou d'acquérir des positions sociales à travers une scolarisation longue de leurs enfants, a considérablement accéléré ce mouvement vers des études post-baccalauréat. Cela peut expliquer la présence plus importante des étudiants d'origine modeste ou moyenne qui, jusqu'aux années soixante-dix, étaient écartés de l'enseignement supérieur. Les BTS, DUT ou diplômes professionnalisés (AES, LEA, MASS) sont particulièrement recherchés par ces couches sociales, qui y voient des filières nouvelles prometteuses d'avenir.

4. La réforme des structures universitaires

L'augmentation constante des effectifs universitaires, dans les années soixante, a soulevé bien des interrogations sur les politiques éducatives relatives à l'enseignement supérieur. Les responsables politiques ont vu dans cette croissance deux types de problèmes : l'un, concernant les individus, tenait au nombre important d'étudiants qui seraient confrontés à un emploi dont la nature et les rémunérations resteraient sensiblement inférieures à ce que pourrait laisser attendre le nombre d'années d'études. L'autre, touchant à la collectivité, portait sur le financement du système éducatif, et plus précisément sur le rendement de l'investissement public, prélevé sur le budget national, financé par l'ensemble de la collectivité [Minot, 1986].

D'où la décision de modifier la structure des études supérieures, notamment dans le domaine des sciences et des lettres. L'enseignement supérieur comportait alors une année d'études générales préparatoire à la licence qui était sanctionnée par un certificat d'études en lettres (CELG) ou en sciences (CESG) et ensuite la préparation d'une licence (en deux ans). La réforme Fouchet (1963) était centrée sur la redéfinition des cycles et la création d'un nouveau grade : la maîtrise. Les décrets de juin 1966 ont remanié l'organisation des études universitaires, structurées en deux cycles successifs : un premier cycle, le DUEL ou le DUES (diplôme universitaire d'études littéraires ou scientifiques). C'était une propédeutique allongée et spécialisée. Dans le deuxième, une licence, préparée en un an et une maîtrise en deux ans [Prost, 1981]. Ce système fut dès le départ jugé contraignant, car il enfermait l'étudiant dans une voie étroite d'où il ne pouvait sortir.

Parallèlement aux études générales longues, les responsables de l'enseignement supérieur ont instauré, en 1966, un nouveau type d'enseignement supérieur : technique, et de courte durée. Cet enseignement devait se dérouler dans les instituts universitaires de technologie (IUT), ouvert aux titulaires d'un baccalauréat technologique mais aussi aux bacheliers d'enseignement général. L'objectif était de former des techniciens hautement qualifiés, mais surtout de suivre le modèle d'enseignement supérieur préconisé par l'OCDE et qui alors se mettait en place dans la plupart des pays industrialisés.

En fait, cette nouvelle institution au sein de l'enseignement supérieur correspondait à deux demandes précises : l'une émanait des responsables politiques soucieux de contrôler la croissance des effectifs dans les universités et la prédominance des études littéraires. L'autre était inspirée par le CNPF (précurseur du MEDEF actuel), selon laquelle le développement industriel prévisible exigeait un nouveau type de personnel doté de connaissances

73

Les étudiants étrangers

En 1970, ils représentaient 14 % des inscrits dans l'enseignement supérieur, mais en 2000 cette proportion est de 9,2 %. Depuis, un mouvement de croissance s'est amorcé : en 2002, ils représentent 11,4 % des étudiants inscrits dans les universités. Ils sont originaires de tous les continents et notamment de l'Asie et de l'Afrique (respectivement 14,9 % et 51,4 %). Parmi les étudiants européens, ceux qui relèvent des États non-membres de l'Union européenne représentent 9,8 % tandis que la proportion d'étudiants issus des pays membres est de 16,4 % en 2002. Ceux qui sont originaires de l'Amérique ne représentent que 7,1 %. La féminisation de la population universitaire étrangère se poursuit puisque les étudiantes constituent presque la moitié de ces inscrits (49,3 %) sauf pour les étudiants africains où elles ne forment que 38 % des effectifs. La population étudiante étrangère s'est plus concentrée dans les académies de Paris, Créteil et Strasbourg où elle dépasse 15 % des étudiants inscrits (MEN-DPD, 2002).

La présence des étudiants étrangers se renforce dans les études de 3e cycle (DEA et doctorat) : ils représentent plus de 30 % des effectifs. En 2002, les sciences économiques et l'AES attirent le plus d'étudiants étrangers (17 %) contrairement à la tendance auparavant dominante des disciplines de la Santé (Médecine, Pharmacie ou Dentaire) où ils ne sont plus que 11 %. Néanmoins le choix des disciplines varie selon les origines géographiques des étudiants : six étudiants américains sur dix s'inscrivent en lettres ou sciences sociales. Ces disciplines sont aussi recherchées par des étudiants asiatiques ou européens en proportion moins élevée (48 % et 40 % respectivement). Certains États, tels le Liban ou la Syrie s'orientent massivement vers les disciplines de la Santé ou des Sciences. Les étudiants africains se distribuent de manière presque égalitaire entre les disciplines littéraires, scientifiques et économiques. Par ailleurs, les IUT, toutes spécialités confondues, attirent 5,1 % des étudiants étrangers (MEN-RERS, 2003).

Depuis 1985, selon les estimations du ministère de l'Éducation nationale, les étudiants étrangers viennent surtout pour se spécialiser car ils sont plus de 60 % à s'inscrire en troisième cycle. Cependant, les directives ministérielles ont contribué à cette diminution du nombre d'étudiants étrangers et à accepter plutôt les étudiants ayant déjà accompli un deuxième cycle universitaire dans leur pays d'origine. En effet, les procédures de préinscription pour ces étudiants incluent l'accord préalable des services spécialisés dans les consulats français afin de demander l'inscription dans l'enseignement supérieur et de passer une épreuve qui atteste une bonne connaissance de la langue française. Ensuite, les candidats doivent effectuer une préinscription dans un établissement supérieur dès le mois d'avril, car les dossiers sont examinés par les services du rectorat.

élargies, formé par un autre type d'enseignants (par des professionnels des entreprises, par exemple). Le projet se voulait calqué sur le modèle des grandes écoles, mais orienté vers les cadres moyens (techniciens, administratifs, gestionnaires). Les IUT ne connaissent un vif succès que dans les années quatre-vingt, à un moment de conjoncture défavorable pour l'emploi.

Ces réformes entreprises dans les années soixante ne furent guère appréciées par le corps enseignant, et par les étudiants en général. L'action du mouvement étudiant de mai 1968, qui dépassait largement leur mise en cause, a eu ici des conséquences importantes. Suite à ces événements, la proposition de loi d'orientation d'Edgar Faure, en 1969, prévoit de profondes modifications du système universitaire. Fondée sur des principes d'autonomie (notamment financière), de participation et de pluridisciplinarité, cette réforme s'engage dans une refonte des universités. Les facultés disparaissent au profit de nouvelles universités dont l'unité de base est l'unité d'enseignement et de recherche (UER) devenant depuis 1984 l'unité de formation et de recherche (UFR), offrant un enseignement pluridisciplinaire. Les universités regroupant les UFR affichent une nouvelle organisation des études supérieures. Paris compte désormais 13 universités, dont deux expérimentales (Dauphine et Vincennes) ; on en crée de nouvelles à Lyon, Grenoble, etc. Depuis 1992 sept universités ont été créées : La Rochelle, Bretagne-Sud, Littoral, Artois, Valenciennes, Cergy-Pontoise, Marne-la-Vallée, Évry et Saint-Quentin/Versailles. Les modalités pédagogiques sont changées : priorité à l'enseignement par petits groupes prenant la relève des traditionnels cours magistraux en amphithéâtre. Aux examens de fin d'année, on substitue le contrôle continu. La gestion de chaque université est assurée par son président assisté d'un conseil élu par l'ensemble des personnels.

Tout au long des années soixante-dix, les réformes se succèdent. Dès 1976, les directives du ministère de l'Éducation nationale prévoient que les universités soumettent à l'agrément ministériel des projets de formation de deuxième et troisième cycle. La reconnaissance de la validité d'une formation proposée donne lieu à l'habilitation, qui lui accorde la valeur d'un diplôme national.

Les études de troisième cycle sont réorganisées par la création du DEA (diplôme d'études approfondies) qui débouche sur une thèse de troisième cycle orientée vers la recherche et l'enseignement.

La réforme des études des premier et deuxième cycles (année 1997) a été suscitée par le faible taux de passage en second cycle (59 % à la rentrée de 1996). Ses principales dispositions concernent : le tutorat (amorcée en 1992 et amplifiée en 1996) qui reste encore insuffisante dans la plupart des universités ; la semestrialisation et la réorientation qui s'accompagnent de nouvelles formes de procédures d'évaluation, de validation des acquis et de réorientation à la fin du premier semestre ; les unités d'enseignement capitalisables qui permettent aux étudiants, au terme de contrôles ponctuels d'acquérir définitivement les UE qu'ils ont réussies. Depuis 1998, le plan U3M (2000-2012) vise à traiter des aspects qualitatifs de la vie étudiante (accueil dans les classes, logement et vie quotidienne des étudiants, bibliothèques, etc.) et l'introduction de nouvelles technologies à l'université. Ce projet doit être élaboré en étroite association avec les conseils régionaux puisque le financement s'inscrit dans les contrats de plan État-région. On peut évoquer également les effets de la circulaire de 1989 qui, en instituant des contrats quadriennaux entre chaque université et le ministère de tutelle, a transformé l'organisation interne des universités. En effet, cette politique de contractualisation a favorisé l'émergence de l'établissement et l'affaiblissement du poids des disciplines. À l'organisation verticale, hiérarchique et centralisée axée sur les disciplines et liée directement aux instances parisiennes ministérielles, se développent de nouvelles formes d'organisation permettant l'émergence de l'établissement et renforçant l'autonomie des universités [Musselin, 2001]. En plus, la contractualisation prévoit également des financements autres que ministériels amenant les universités à établir des relations avec les pouvoirs locaux. De ce fait les diverses instances territoriales peuvent infléchir les politiques internes des universités. Contraintes à présenter des résultats (réduction du taux d'échec ou d'abandons, insertion professionnelle des étudiants), les universités créent ainsi de nouvelles filières, de nouveaux diplômes en fonction des demandes précises au niveau local [Dubois, 1997].

Depuis 1999, le projet d'harmonisation européenne des diplômes conduisant à la réorganisation des cycles d'études supérieures, en « 3, 5 ou 8 ans » après le baccalauréat, en dépit de l'opposition des syndicats d'enseignants et d'étudiants s'installe progressivement. Désormais les cycles universitaires ne comporteront que la licence, le master et le doctorat.

5. La professionnalisation des études

Parallèlement à cette politique visant à exercer un contrôle sur les contenus et les modalités d'organisation des études s'amorce un mouvement de professionnalisation. Apparaissent ainsi, dès 1976, les licences et maîtrises « finalisées » : administration économique et sociale (AES), langues étrangères appliquées (LEA), mathématiques appliquées aux sciences sociales (MASS). Suivent les maîtrises spécialisées : maîtrises de sciences et techniques (MST), maîtrises de sciences et gestion (MSG), maîtrises de méthodes informatiques appliquées à la gestion (MIAGE). Le recrutement est ici assez sélectif et l'enseignement y est organisé autour d'études théoriques et pratiques. Les étudiants bénéficient d'un encadrement pédagogique renforcé, avec des horaires plus denses que dans les filières classiques. Ces études se réalisent en rapport étroit avec des entreprises, terrain de stage obligé des étudiants.

Le troisième cycle est lui aussi professionnalisé avec la création en 1976 d'une filière DESS (diplôme d'études supérieures spécialisées).

La professionnalisation des études se poursuit avec la loi Savary (1984) qui s'appuie sur trois aspect fondamentaux : orientation, professionnalisation et recherche. L'orientation y apparaît comme une préoccupation importante dès le premier cycle. Cette réforme prévoit une diversité des filières de DEUG (35 mentions de DEUG relevées en 1998) permettant aux étudiants une formation générale assez large, accompagnée d'une information renforcée sur les métiers et les professions, prolongée par des stages de préprofessionnalisation. Ces stages visent à fournir une connaissance du monde du travail, de ses contraintes, de ses exigences, des aptitudes exigées et des débouchés offerts. La loi Savary crée un premier cycle finalisé, le DEUST (diplôme d'études universitaires scientifiques et techniques). Ces formations recourent à des enseignants venus des entreprises, et les spécialisations sont préparées en fonction des possibilités du marché d'emploi local ou régional.

En 1985, sont créés des magistères de niveau bac + 5 ans, caractérisés par une sélection accrue des candidats ; ils visent à concurrencer les diplômes des grandes écoles. Depuis 1990, le ministère de l'Éducation nationale a mis en place, parallèlement aux filières à finalité professionnelle, des instituts universitaires spécialisés : les IUP (instituts universitaires professionnels). Les formations proposées sont définies en fonction des besoins de l'économie (ingénierie, gestion financière, vente, administration générale, communication). Le corps enseignant y est constitué pour moitié de professionnels venus des entreprises. L'objectif étant de créer une filière professionnelle complète (du premier au troisième cycle).

La professionnalisation s'est ainsi progressivement installée, à toutes les étapes de l'enseignement supérieur. De ce fait, le système universitaire est aujourd'hui organisé en deux filières distinctes : d'une part, celles qui sont centrées sur l'apprentissage d'un métier ou d'une technique, sur la préparation à l'exercice d'une fonction de responsabilité et d'encadrement. D'autre part, une filière d'études de type classique orientée vers l'enseignement ou la recherche. Les diplômes à but professionnel précis apparaissent ainsi de plus en plus comme une voie sélective, ce qui entraîne une dévalorisation des diplômes d'enseignement général. La demande accrue des familles pour ces formations à profil professionnel précis est à rapprocher de la valorisation des diplômes sur le marché du travail. Les données de l'INSEE et les études du CEREQ indiquent que, d'une manière générale, les diplômes de niveau post-baccalauréat représentent la meilleure protection contre la crise de l'emploi.

La forte sélection des candidats préparant le BTS ou DUT renforce une image de filière d'élite et contribue à une valorisation symbolique des études à vocation professionnelle. Par ailleurs, le type de travail pédagogique accompli dans les IUT apparaît comme

« sérieux », par opposition à l'idée qu'on se fait d'un enseignement universitaire « laxiste » où les étudiants seraient abandonnés à eux-mêmes.

Il semble alors se dessiner un marché scolaire où la compétition entre les diplômes de premier cycle est assez vive. Les DEUG n'ont guère de valeur sociale qu'en tant qu'étape vers des études plus poussées. Les DEUST, de création récente et soumis aux aléas des demandes d'emplois locales ou régionales, sont loin de constituer une filière compétitive face aux DUT ou aux BTS. Citons encore la formation d'ingénieurs par la « filière Decomps » (1989), dès l'obtention du baccalauréat et par la voie de l'alternance. Cette filière constitue une énième tentative pour détourner les bacheliers des études générales et en inciter un bon nombre à s'engager dans des études à finalité professionnelle précise.

La formation continue
dans le système éducatif

La « formation professionnelle continue » relève d'un dispositif juridique mis en place par la loi du 16 juillet 1971, qui introduit trois innovations importantes dans la formation des adultes : l'obligation légale pour toute entreprise ayant au moins dix salariés de participer au financement de la formation continue (0,8 % de la masse salariale en 1971 ; 1,2 % depuis 1987), le renforcement de la concertation dans les entreprises par la consultation obligatoire du comité d'entreprise, la généralisation du congé individuel de formation. Depuis l'adoption de cette loi, le nombre de personnes bénéficiant d'une action de formation en cours de carrière n'a cessé d'augmenter, passant de 15 % de la population active en 1976 à 37 % en 1998.

Les actions de formation sont assurées par des organismes de formation de statuts diversifiés (privés, publics ou associatifs). Les établissements de l'Éducation nationale constituent un « sous-système » important de la formation des adultes. L'organisation du dispositif de formation continue y est fondée, depuis 1973, sur un réseau constitué de 28 délégations académiques à la formation continue (DAFCO), chacune étant directement liée au recteur académique. Cette instance est chargée de définir pour chaque réseau les stratégies de la formation en concertation avec les entreprises, les organismes régionaux ou locaux, et de coordonner les activités des GRETA (groupement d'établissements). En outre, chaque académie dispose d'un centre académique de formation continue (CAFOC) qui contrôle la mise en œuvre des actions et est particulièrement chargé de la formation des personnels des GRETA. Ces centres sont organisés par niveaux d'enseignements : au second degré correspondent les GRETA, tandis que les universités disposent de services ou centres de formation continue ou permanente. On compte 329 GRETA, qui regroupent 5 600 lieux de formation (collèges, lycées d'enseignement général, technique ou professionnel). Structurés en fonction de critères de proximité et de compétences complémentaires, ces GRETA mettent en commun leurs moyens financiers, leurs équipements et leurs personnels. Rattachés à la direction des collèges et des lycées, ils disposent de personnels spécifiques : 1 300 conseillers de formation et environ 30 000 formateurs. Les GRETA font également appel à un nombre important de contractuels (près de 2 400 recensés en 1990).

Les formations et les publics

Les actions de formation menées par les GRETA sont principalement orientées vers un public en difficulté sociale, mais elles s'inscrivent aussi dans la préparation des certificats ou diplômes de formation initiale (CAP, BEP ou BTS) par un système d'unités de valeur capitalisables, qui permet aux adultes de préparer et de se présenter aux épreuves d'un diplôme par tranches successives. L'obtention de la totalité des unités de contrôle capitalisables, valables pendant cinq ans, donne droit au diplôme. Outre cette modalité spécifique d'organisation du cursus, ce système est fondé sur un référentiel élaboré en concertation avec les responsables des milieux professionnels.

Dans l'enseignement supérieur, chaque établissement dispose d'un service de formation continue, qui d'ailleurs assure la préparation à certains diplômes ou examens. C'est le cas du DAEU (diplôme d'accès aux études universitaires), qui permet aux non-bacheliers ayant une expérience professionnelle d'accéder aux études universitaires. Certains diplômes comme les DUFA (diplômes d'Université de formation des adultes) ne sont préparés que par la formation continue. D'autres, préparés en formation initiale, sont également proposés en formation continue avec un aménagement de l'organisation pédagogique. Ainsi des DUT ou des diplômes à profil professionnel peuvent-ils être préparés en un an (au lieu de deux ans en formation initiale). Mais de plus en plus, ce public est accueilli avec les autres étudiants dans les filières de la formation initiale, cela au titre du congé de formation.

En plus, depuis 1985, il existe une procédure de « validation des acquis professionnels » qui permet à toute personne justifiant de l'exercice de cinq années d'activités professionnelles de postuler à la préparation d'un diplôme ou d'un titre d'enseignement supérieur. Les services en formation continue des universités assurent également des formations non diplomantes (perfectionnement ou recyclage) orientées vers les entreprises ou autres types d'organismes. Ils développent enfin des activités en direction des interventions d'ingénierie, de conseil ou d'expertise.

Les sources de financement

Le financement des actions de formation dans les établissements de l'Éducation nationale a deux sources bien distinctes : les entreprises relevant du 1,2 % ou les Assedic pour les personnes privées d'emploi ; des fonds publics émanant de l'État à travers les divers ministères, régions ou collectivités territoriales. D'une manière générale, le nombre de personnes en formation accueillies dans les établissements de l'Éducation nationale s'est fortement accru : il a triplé entre 1980 et 1990 (de 600 000 à 1 800 000 personnes). Depuis on assiste à une légère diminution notamment pour les stagiaires bénéficiant du financement de la formation par l'État (– 18 000 entre 1990 et 1997) en raison de la décentralisation, conséquence directe de la mise en œuvre de la loi quinquennale sur l'emploi et la formation professionnelle (1993). Cette diminution est en partie compensée par le financement des collectivités locales et le développement du CFI (crédit-formation individualisé). En 2002, le financement global de la formation continue dans les GRETA et les CAFOC a atteint 410 millions d'euros dont 47,4 % sur fonds publics. Les entreprises ont financé 21,1 % du volume global tandis que la proportion d'individus ayant eux-mêmes financé leurs formations s'élève à 4,4 %. Plus d'un stagiaire sur quatre (28 %) est inscrit dans les formations liées à des mesures conjoncturelles (stages d'insertion formation-emploi). Mais, 25 % du public formé, en 2002, relève de l'initiative des entreprises. Le plus fort contingent (53 %) de diplômés prépare des diplômes de niveau V (CAP, BEP ou BP). Les formés préparant un baccalauréat professionnel représentent 23 % des diplômes délivrés et la part du BTS est de 24,3 % (MEN-DPD, 2002).

L'enseignement supérieur attire davantage de salariés des entreprises avec le développement du congé individuel de formation. Dans les universités, 154 000 diplômes dans différentes disciplines ont été obtenus par ce système, dont 53 % en premier cycle et 31 % en deuxième cycle et dans les IUT ou les IUP. Les écoles d'ingénieurs ont délivré 960 titres d'ingénieurs par la formation continue, et le CNAM, avec ses centres régionaux, a délivré 3 200 diplômes dont 453 diplômes d'ingénieurs.

Dans les GRETA, les stagiaires relevant des catégories socioprofessionnelles des ouvriers qualifiés et employés ont été les plus représentés (57 %) en 2001, suivis des salariés agricoles, OS, manœuvres (11,5 %) et des contremaîtres et cadres moyens (11,4 %). Néanmoins, près de 55 % du public en formation dans les GRETA relève de la catégorie « demandeurs d'emploi » dont 20 % d'entre eux ont moins de 26 ans.

VI / Enjeux et débats

1. L'orientation : la sélection et le niveau

L'orientation scolaire apparaît comme la pièce centrale du système éducatif français. Présente dès l'école primaire (orientation vers l'éducation spécialisée), elle joue un rôle important en classe de cinquième, avec le choix entre l'option générale ou l'option technologique, qui revient à diriger l'élève soit vers une scolarisation longue, soit vers un cycle professionnel (CAP, BEP ou bac professionnel). À chaque étape, l'enfant scolarisé se voit assigner une carrière scolaire en fonction de ses résultats et des capacités locales d'accueil, par des conseils successifs qui l'orientent vers telle ou telle filière ou section. Les familles reçoivent des recommandations et formulent des vœux, mais la décision finale revient aux conseils. Or, la procédure même de l'orientation est actuellement remise en question.

L'enjeu social de l'orientation

En France, le lien entre le diplôme et la position sociale est relativement étroit. Dès le début de la carrière professionnelle, le diplôme semble déterminer d'une façon claire et précise les possibilités d'avancement. D'où l'importance accordée non seulement à la section du baccalauréat, mais aussi à la mention qui l'accompagne. Dans les grandes écoles, l'ordre de classement des élèves leur permet de choisir leur lieu d'affectation. Ainsi, ceux qui sont issus de l'ENA (École nationale d'administration) ont accès aux postes les plus prestigieux, tel le Conseil d'État pour les mieux classés, tandis que les moins bien classés sont dirigés vers les tribunaux administratifs.

La crise de l'emploi a freiné la promotion interne dans les entreprises, mais a aussi avivé la concurrence entre les différents types de diplômés. La réussite sociale est ainsi directement liée à la réussite scolaire [Prost, 1985]. La relation étroite entre hiérarchie scolaire et hiérarchie sociale éclaire la signification de l'orientation au sein du système d'enseignement, tant pour les familles que pour le fonctionnement du système scolaire. Aux yeux des familles, elle représente une évaluation ou une sanction. L'importance des diplômes à l'entrée dans la vie active les incite à viser ceux qui sont réputés les meilleurs. Ainsi, un jeune titulaire d'un CAP est candidat à un BEP, puis à un bac professionnel. Les diplômés des IEP (institut d'études politiques) visent ensuite l'ENA, ou encore une école de gestion ou de management.

Les familles élaborent donc des stratégies scolaires en fonction de leurs intérêts, de leur connaissance du système scolaire, de l'état du marché de l'emploi, et de la valeur sociale accordée dans leur milieu à tel type de diplôme. Leur capacité d'anticipation suppose une information sur les diverses étapes de la scolarité, les possibilités de choix entre les sections ou les filières, les facteurs qui entrent en jeu dans les parcours scolaires (par exemple, le choix de la langue vivante). Certains parents connaissent non seulement la valeur des sections ou filières et leur hiérarchisation (la section S étant la plus cotée), mais aussi la réputation des établissements, et à l'intérieur de ceux-ci les classes d'effectifs homogènes, de fort ou de faible niveau [Ballion, 1982 ; Kellerhals et Montadon, 1991]. Dans ce sens, les travaux de l'équipe de l'IREDU [Duru-Bellat, 1988 ; Duru-Bellat, Mingat, 1993] ont particulièrement attiré l'attention sur les différences de performances entre établissements : de bons résultats aux examens de fin de cycle induisent des politiques fortement sélectives. Le classement en fonction des pourcentages de réussite au baccalauréat, largement diffusés à travers le « palmarès » des établissements, introduit des politiques sélectives d'admission favorisant ainsi l'« effet-établissement », des rivalités ou des concurrences entre eux ou entre privé-public et la montée d'une logique de consommation scolaire [Barrère, 1998 ; Broccolichi et Œuvrard, 1993 ; Cacoualt et Œuvrard, 2000 ; Vasconcellos, 2000].

L'institutionnalisation de l'orientation

L'orientation n'a été introduite de manière systématique, dans le système scolaire, que depuis 1955, afin d'intervenir auprès des enfants qui quittaient l'école primaire et se préparaient à entrer dans la vie active. Les procédures d'orientation existaient déjà : Victor Duruy (1864) voyait déjà une différenciation des études pour « ceux qui peuvent retarder de deux ou trois ans l'entrée dans l'atelier, le comptoir ou l'usine » et un enseignement destiné à « ceux qui ont devant eux le temps, peut-être l'aisance, même la fortune » [Duru-Bellat, 1988]. Lors de la réforme des lycée en 1902, avec la création de deux filières — classique et moderne —, on préconisait de recourir à une orientation capable d'aider les élèves à choisir l'enseignement le « mieux approprié à leur vocation présumée et aux nécessité économiques des régions où ils vivent » (texte de la réforme de 1902).

Enfin, dès le milieu des années vingt, une orientation professionnelle s'appuyait sur des travaux de psychologie expérimentale ou différentielle [Charlot, Figeat, 1985]. Dans les années cinquante, le souci de réaliser la meilleure adaptation possible entre l'enseignement et les systèmes des emplois fait prendre conscience de la nécessité d'un dispositif d'orientation scolaire et d'un corps d'agents spécifiques — les actuels conseillers d'information et d'orientation. La réforme Berthoin (1959) prévoyait l'entrée dans l'« école moyenne » d'enfants issus de couches sociales jusque-là écartées du système scolaire. À cette diversité de publics devaient correspondre différentes filières : collège d'enseignement général (CEG), collège d'enseignement technique (CET), classes de transition, etc. En fait, les contenus mêmes de l'enseignement et le type d'études étaient définis en fonction des publics visés. C'était le début de l'élaboration de critères d'orientation à l'intérieur de l'école.

C'est donc à partir de 1959, et surtout en 1963, qu'avec le développement de la scolarisation des collèges et des lycées l'orientation scolaire se systématise. Elle n'interviendra pas seulement lors du placement des jeunes dans la vie professionnelle, mais sera peu à peu associée à la destinée scolaire de chaque élève. Elle jouera un rôle grandissant dans leur distribution entre les diverses filières. La réforme de 1959 prévoyait la scolarisation la plus longue possible des enfants selon leurs capacités. L'augmentation de l'offre de formation, dès les années soixante, s'accompagne de la mise en œuvre de mécanismes visant à maîtriser les flux scolaires. L'orientation scolaire est alors de plus en plus associée au processus d'insertion professionnelle. Simultanément, la mise en place de la sectorisation, ou « carte scolaire », oblige les enfants à fréquenter l'établissement scolaire le plus proche de leur domicile. Antoine Prost voit dans ces deux procédures — orientation scolaire et sectorisation — le moyen d'assurer une politique de démocratisation réalisée de façon rationnelle [Prost, 1985]. L'orientation scolaire n'est pas pensée selon la maxime : « chaque élève fait les études qui lui conviennent le mieux », mais comme enjeu pour le système scolaire dans son ambition de scolariser le plus durablement possible des flux croissants de jeunes. C'est en fonction des capacités d'accueil qu'il s'agit d'équilibrer la distribution des effectifs dans les différentes classes, sections ou filières par les procédures d'orientation. Les critères sont fonction des résultats scolaires, les bons élèves étant dirigés vers les bonnes sections. Finalement, l'orientation est déterminée par l'échec : les « mauvaises » sections, moins prestigieuses, accueillent ceux qui ont été refusés dans les autres. D'ailleurs, les conseils de classe ne distinguent que trois catégories d'élèves : ceux qui passent dans la classe supérieure, ceux qui redoublent et ceux qui sont « à orienter » [Prost, 1990]. Cette procédure d'orientation renforce la sélection sociale à l'école. Et les familles adoptent une attitude d'acceptation ou de complicité tout en déployant des ruses pour contourner les obstacles. Mais elles ne mettent pas en cause le droit reconnu au système scolaire d'orienter leurs enfants. La reconnaissance par les familles du jugement porté par l'école sur les capacités de leurs enfants les amène à élaborer des stratégies éducatives qui sont à la base du choix de l'établissement et de leurs demandes d'encadrement et de pédagogies appropriées [Cousin, Guillemet, 1993].

Les étapes de l'orientation

Certains niveaux d'études constituent des étapes lourdes de conséquences, notamment la fin des classes de cinquième, de troisième et de seconde. Ici, l'orientation, perçue comme une sanction définitive, traduit la hiérarchisation des filières du système scolaire. C'est ainsi qu'après la cinquième, les élèves qui présentent les résultats scolaires les « moins bons » sont orientés vers l'enseignement professionnel. Pour les autres, à la fin de la cinquième, deux possibilités s'offrent : le redoublement ou le passage en classe de quatrième générale ou technologique. Le choix de l'option générale ou technologique revient à l'élève ou à sa famille, après concertation avec les enseignants et le conseiller d'orientation.

Les élèves qui ne sont pas admis en quatrième peuvent opter pour une quatrième préparatoire au CAP ou pour une classe préparatoire à l'apprentissage (CPA). Mais les CAP préparés en trois ans ont été supprimés en 1992, ainsi que les classes préprofessionnelles de niveau (CPPN). De ce fait, l'orientation en fin de cinquième se fait en direction des classes de quatrième technologique ou quatrième préparatoire. Puis les différentes sous-populations admises en quatrième (élèves moyens et faibles) sont confrontées en fin de troisième à une seconde étape de l'orientation. Là, seuls les élèves ayant obtenu les meilleurs résultats, notamment en mathématiques, se voient proposer une seconde S (scientifique). Les bons élèves en français seront plutôt dirigés vers la section L (littéraire).

Après la classe de troisième, l'élève peut choisir entre trois grandes voies :

— l'enseignement général, menant au baccalauréat, en passant par une seconde de détermination où sont préparées les sections du baccalauréat ;

— l'enseignement technologique, menant au baccalauréat technologique, passant également par une seconde de détermination (sections du baccalauréat) ;

— l'enseignement professionnel : soit long, par une seconde spécifique suivie dans un lycée technique et menant à un brevet de technicien ; soit court, en préparant dans un LP un BEP ou un CAP pouvant déboucher ultérieurement sur un baccalauréat professionnel.

Les facteurs déterminants de l'orientation

Les critères de l'orientation sont centrés autour de la notion de « bon élève ». Le niveau scolaire requis pour les diverses catégories d'admis est déterminé par celui des meilleurs éléments, destinés aux filières les plus prestigieuses. Les performances scolaires et les orientations qui s'ensuivent ne font que renforcer « l'inégalité devant la sélection ». Diverses enquêtes effectuées au niveau de la cinquième ont souligné la réussite des enfants issus de couches sociales aisées. Formellement, les critères d'orientation sont déterminés par le niveau de connaissances, par les résultats des apprentissages acquis, ainsi qu'à travers l'obtention des notes. Pierre Merle [1998] a particulièrement analysé le « flou » technique des notations, les attentes inégales des enseignants et l'arbitraire des pratiques d'évaluation. Mais ce bagage scolaire exigé de ceux qui s'orientent vers l'enseignement long ou court est conditionné par une familiarité avec une certaine culture savante, encore dominante dans la culture scolaire. Les travaux de Jean-Claude Forquin sur la sélection des contenus et des programmes par l'école montrent que l'écart ne fait que s'accroître entre la culture scolaire et le public actuel des collèges et des lycées. Outre le maniement de la langue, la démonstration d'un certain type de raisonnement, d'un intérêt ou d'une implication dans les études, le « bon élève », pour les enseignants et l'institution scolaire, doit manifester certaines formes de comportement (expression, déplacement dans la classe, savoir-faire et savoir-être institutionnels). Ainsi certains enfants ont-ils des difficultés à assimiler les exigences implicites de l'institution scolaire : savoir poser des questions, répondre à certaines attentes des enseignants, autrement dit pratiquer les règles du jeu qui permettent à l'institution de fonctionner. La « compétence sociale », relevée par Régine Sirota [1988], apparaît dès l'école primaire comme un signe important dans la distinction scolaire. Présenter des capacités à être un « bon élève » relève clairement de l'appartenance sociale. Actuellement, à travers l'idée de « métier d'élève », la question du travail scolaire est posée en tant qu'apprentissage de ce qui est attendu par le maître et qui est au cœur de la réussite scolaire [Perrenoud, 1994 ; Merle, 1996]. D'autres rattachent cette idée à celle de l'implication dans le travail scolaire, du rapport au savoir ou du sens des activités d'apprentissage et des contenus d'enseignements pour les élèves. Dans ce cas, la réussite à l'école s'accomplit par l'exercice consciencieux du « métier d'élève » visant à maîtriser des situations scolaires plutôt que des connaissances [Rochex, 1995 ; Charlot, Rochex, 1996 ; Coulon, 1997 ; Dubet, Martucelli, 1996 ; Rayou, 1999 ; Sirota, 1993].

D'autres facteurs ont également une incidence sur le parcours scolaire, et par suite dans les procédures d'orientation. Plusieurs études tendent à montrer que les filles sont plus avancées que les garçons, à niveau égal d'origine sociale [Mosconi, 1983 et Duru-Bellat, 1988]. Cependant, si les filles ont plus souvent de « bonnes notes », elles brillent plutôt dans les études littéraires, où elles sont majoritaires. Cette différenciation s'accentue dans les enseignements post-baccalauréat, où elles restent minoritaires dans les filières les plus prestigieuses (par exemple, elles ne représentent que 30 % des effectifs en CPGE).

Là encore, une évolution s'accentue dans l'attitude des familles quant à l'usage des études. Plus qu'une culture prestigieuse, elles demandent des études « efficaces et rentables ». Et leur influence dans les prises de décisions et la gestion quotidienne des établissements devient plus importante. Ce mode de contrôle, dicté par un comportement des usagers de l'école, aboutit à remettre en cause certains types de savoirs jugés éloignés de l'expérience commune (le formalisme des mathématiques ou de la physique, par exemple).

Les stratégies familiales jouent un rôle croissant dans les conseils d'orientation. Afin d'éviter une « mauvaise orientation » en fin de cinquième ou l'affectation dans une section moins prestigieuse en seconde, les familles préfèrent voir leurs enfants redoubler de façon à obtenir de meilleurs résultats l'année suivante. Il y a de plus en plus de candidats reçus au baccalauréat, mais beaucoup ont deux à trois ans de retard : âgés de vingt ans au lieu de dix-sept [Duru-Bellat, 1988].

Il convient de rappeler également que les pratiques de notation, plus ou moins arbitraires, et la rigueur de la sélection varient selon les établissements, les classes, les filières et le corps enseignant. Sans oublier que la politique d'orientation doit se conformer aux directives ministérielles définissant des objectifs généraux (ouvrir davantage aux filles les filières scientifiques, réduire la proportion de redoublements, etc.). Ce qui se traduit, par exemple, dans des politiques d'établissement, comme la décision d'ouvrir une deuxième classe de terminale S.

Les parents d'élèves

Dans l'enseignement public deux grandes associations représentent les parents d'élèves : l'une, créée en 1910, la Fédération des parents d'élèves de l'enseignement public (FEEP) dite « Armand » puis « Lagarde » ; l'autre fondée en 1947, la Fédération des conseils de parents d'élèves de l'école publique (FCPE) dite « Cornec », qui s'est progressivement étendue aux établissements secondaires.

La participation des parents d'élèves est instaurée depuis novembre 1968. La « loi relative à l'éducation » (1975) préconise leur participation : dans l'enseignement secondaire, depuis le décret de décembre 1976, les représentants des parents d'élèves siègent dans les conseils de classe. Dans l'école primaire, depuis 1977 le comité de parents participe, à travers des élus, aux conseils d'école. Ils sont dotés de pouvoirs administratifs et pédagogiques.

En 1985, les nouveaux conseils associent étroitement les parents aux décisions dans les établissements scolaires. La loi de juillet 1989 prône la participation active des parents, considérés comme « co-acteurs », dans les orientations concertées des politiques des établissements. Cependant, il y a un faible taux de participation aux élections dans les établissements (de 30 % à 40 %) [Prost, 1981 ; Danvers, 1992].

Dans l'enseignement professionnel, où les commissions paritaires consultatives jouent un rôle important, il arrive qu'on développe ou supprime certaines spécialités en fonction des estimations des représentants des milieux professionnels. C'est ainsi que des classes de CAP ont été supprimées dans les LP au profit des BEP. Le rapport présenté par Lucie Tanguy (1991) sur l'enseignement professionnel montre qu'une telle directive est loin de correspondre aux demandes réelles de la profession, qu'elle n'est qu'une manière de sélectionner « par le niveau de formation » un certain type de main-d'œuvre dotée de caractéristiques personnelles autres que celles des élèves préparant le CAP. L'élévation du niveau de recrutement pour la préparation au BEP présente également l'avantage, aux yeux des responsables des lycées professionnels, de renverser l'image négative de cette formation, taxée de filière de relégation. Ici, les élèves jugés simplement aptes à préparer un CAP sont envoyés en apprentissage professionnel, ils quittent donc le système scolaire pour être pris en charge en tant qu'apprentis par le milieu professionnel. Vue sous cet angle, la volonté politique d'amener 80 % d'une classe d'âge au niveau du baccalauréat implique l'idée que les 20 % restants représentent cette fraction de jeunes les plus démunis, qui quittent le système scolaire sans diplôme, et dont la réforme cristallise l'exclusion vers l'apprentissage professionnel ou vers un dispositif de formation et d'insertion. Dès lors, la réussite scolaire jouant un rôle dans la réussite sociale, l'échec scolaire prend figure de problème social.

2. L'insertion professionnelle

L'interrogation sur le passage de l'école à l'emploi est relativement récente. Elle traduit, de fait, une profonde modification des attentes à l'égard du système éducatif. Jusqu'aux années cinquante, l'école restait à l'écart du système productif, car elle dispensait un enseignement essentiellement centré sur des connaissances relevant d'une « culture désintéressée ». Le lycée était censé transmettre une certaine façon de penser, des formes de langage, un modèle de vie [Goblot, 1925, Charlot, 1987]. L'enseignement était donc pensé indépendamment du marché du travail. La formation de la population paysanne et ouvrière se réalisait en dehors du système éducatif. Or, dès la fin des années cinquante, cette formation s'intègre dans le système scolaire par la création des CET. Par ailleurs, la multiplication des filières et des sections dans l'enseignement secondaire diversifie la distribution scolaire, renvoyant dans les filières courtes, destinées aux emplois d'exécution, les élèves jugés inadaptés.

Les enquêtes sur l'insertion

Les politiques éducatives de cette période, destinées à moderniser l'appareil scolaire, s'engagent dans la création d'une filière de diplômes techniques (BEP, bac technique, BTS). Dès lors, la question de la capacité de l'école à former des jeunes à un métier, à une technique, à une profession est posée. Le système éducatif voit ainsi sa mission étendue : non seulement il assure la socialisation des enfants en les préparant à acquérir la maturité et l'autonomie des adultes, il forme par la culture générale les futurs citoyens, mais il doit en outre doter les individus des capacités et des compétences nécessaires à l'entrée dans la vie active.

Ces bouleversements introduits dans le système d'enseignement sont accompagnés par les instances de la planification. Pour gérer les enseignements de type nouveau, un dispositif d'observation et d'analyse paraît nécessaire. Il s'agit d'effectuer des « enquêtes d'insertion », afin de connaître le « devenir des élèves sortis de l'enseignement technologique ». Réalisées par les établissements scolaires, ces enquêtes seront coordonnées par le service statistique du MEN. Cependant, dès les travaux préparatoires du VIe Plan (1969-1970), on relève les insuffisances d'une approche fondée sur la notion d'adéquation entre la formation et l'emploi.

L'ampleur de la question et l'intérêt qu'elle suscite sont à l'origine de la création, dès 1970, de deux organismes : le CEE et le CEREQ. Ce dernier met en place un « observatoire national de l'entrée dans la vie active », qui mène deux types d'enquêtes : l'une sur

« l'insertion », afin de connaître la situation des jeunes neuf mois après la sortie du système éducatif ; l'autre sur le « cheminement », afin de connaître cette même population quatre ans plus tard. En outre, sous l'égide de l'INSEE, le CEREQ et le service statistique du MEN dressent régulièrement le « bilan formation-emploi », qui doit renseigner sur les flux de sortie du système d'enseignement par niveaux et sur les emplois occupés par les débutants répartis par niveaux de qualification. Simultanément, dans les années soixante-dix, plusieurs universités réalisent des enquêtes sur l'insertion des étudiants (Lille, Nice, Toulouse, etc.), et certaines créent même des organismes spécialisés : IREDU (Institut de recherche sur l'économie de l'éducation) à Dijon, LIRHE (Laboratoire interdisci-plinaire de recherches sur les ressources humaines et l'emploi) à Toulouse, etc. Cette activité, assortie d'une profusion d'enquêtes, fait l'originalité de la France en ce domaine [Tanguy, 1986].

Les apports de ces études

La notion d'insertion professionnelle apparaît, au départ, étroite-ment liée à la volonté de mieux gérer les transformations du système éducatif par la connaissance de ses relations avec le système productif. Peu à peu, cependant, ce champ d'investigation s'élargit. Avec l'aggravation de la crise de l'emploi, la question de l'inser-tion professionnelle prend une importance prépondérante, redou-blée par l'ampleur de l'échec scolaire et le fait que de nombreux jeunes quittent le système sans diplôme. D'où la création d'un dispositif de formation spécifique aux jeunes de 16-18 ans « sans qualification », axé sur l'insertion et la qualification. Les études induites par ce dispositif ont contribué à caractériser l'insertion en tant que processus, dont les variables explicatives relèvent aussi bien de caractéristiques individuelles (sexe, âge, origine sociale) et scolaires (niveau de diplôme, spécialisation) ou des trajectoires que de la diversité des situations professionnelles (secteur d'activité ou branche professionnelle, taille de l'entreprise, localisation géogra-phique). La question de l'insertion professionnelle exige la prise en compte des conditions d'accès des différentes catégories sociales à l'éducation, aux divers types de diplômes et d'institutions d'ensei-gnement, des conditions d'accès aux emplois (normes et règles de recrutement propres à chaque champ d'activité ou types d'entre-prise, etc.) et des conditions d'usage des connaissances et compé-tences (valorisation et reconnaissance des titres ou des diplômes scolaires) [Rolle, Tripier, 1980].

L'analyse du processus d'insertion n'a pas seulement élargi la connaissance des modalités d'accès aux emplois. Elle a aussi éclairé le mode de fonctionnement du marché du travail dans les divers champs professionnels, les modes de gestion de la main-d'œuvre, la place réservée, selon les cas, aux débutants, les chances ou probabilités de promotion, de stabilité. Les travaux du GREE (Groupe de recherche sur l'économie de l'éducation) de l'université de Nancy définissent la période d'insertion comme « transition professionnelle » [Rose, 1984] liée à une « politique de transition », c'est-à-dire à des formes de mise au travail particulières destinées aux jeunes débutants. Il s'agit là d'un processus lent et complexe qui combine des périodes de travail précaire, de stages de formation et de chômage. Cette période se caractérise par la diversité des situations, par l'action combinée de plusieurs organismes de placement (ANPE, APEC, cabinets de recrutement) et de formation ainsi que de réseaux de sociabilité et de solidarité [Maruani, Reynaud, 2000].

D'un autre point de vue, la question de l'insertion professionnelle conduit à celle du rendement social des diplômes. Les travaux en sociologie de l'éducation avaient depuis longtemps souligné que le fait pour les jeunes d'être plus diplômés que leurs pères ne leur assurait pas forcément une position sociale plus élevée. Paul Lapie, sociologue proche de Durkheim, constatait ainsi, dès la fin du XIXᵉ siècle, que la mobilité sociale et professionnelle était assujettie à des déterminations économiques plutôt qu'individuelles ou scolaires [Merllié, Prévot, 1997]. Aujourd'hui, les évolutions rapides à l'œuvre dans le système éducatif comme dans le marché du travail ne cessent de brouiller les effets de l'élévation du niveau des diplômes.

La notion d'insertion constituait, au départ, pour les décideurs de politiques éducatives, un moyen de gérer le système scolaire en relation avec les demandes du marché du travail ; elle est devenue un moyen de penser les diverses variables qui conditionnent le processus d'accès à l'emploi [Tanguy, 1986].

Diplômes et emploi

L'analyse des conditions d'insertion dans une période de forte croissance du chômage est prise entre le débat social et le débat théorique. Les acteurs impliqués sont confrontés à des situations mouvantes, qui rendent difficile toute tentative d'élaboration de nouvelles stratégies. Les travaux sur ces questions — notamment les analyses de type longitudinal — se heurtent à la difficulté d'interpréter des données qui ont été collectées à des périodes d'expansion (début des années soixante-dix) suivies d'un retournement de conjoncture. Cependant, on peut dégager quelques grandes lignes qui traversent les enquêtes réalisées depuis deux décennies.

D'une manière générale, on observe une modification sensible dans la composition de la population active entre les deux derniers recensements (1982 et 1990), et notamment une élévation du niveau des diplômés des diverses catégories socioprofessionnelles. Ainsi parmi les artisans, commerçants ou chefs d'entreprise, 53 % avaient déclaré, en 1982, n'avoir aucun diplôme contre 37 % en 1990 ; les professions intermédiaires sont celles qui ont connu la plus forte élévation du niveau de formation : en 1982, 24 % des effectifs n'ont que le niveau du baccalauréat tandis qu'en 1990, plus de 30 % atteignent ce niveau et 32 % ont un diplôme du supérieur [INSEE, 1993].

Mais l'élévation du niveau de formation présente des effets sur le marché du travail : d'une part, l'accès aux emplois est de plus en plus conditionné par l'obtention d'un diplôme et, d'autre part, l'arrivée de générations plus diplômées conduit à la redéfinition des qualifications et à la transformation des contenus d'emploi et des relations sociales dans les entreprises [Reynaud, 1987 ; Vasconcellos, 1991].

L'enquête menée par le CEREQ auprès des sortants du système d'enseignement en 1992, quel que soit le niveau de formation, et interrogés en 1997 sur leur situation professionnelle dénote la complexité des parcours professionnels de cette génération considérée comme la mieux formée par rapport aux précédentes, puisqu'un tiers de ses effectifs est diplômé du supérieur.

Plus de la moitié d'entre eux ont connu au moins 4 situations différentes (emploi, chômage, inactivité, etc.). Dans une conjoncture peu favorable (hausse du taux de chômage des jeunes et baisse des recrutements), les emplois occupés par l'ensemble de cette génération se caractérisent par la précarité : un homme sur cinq et une femme sur quatre sont sous contrat à durée déterminée. Le chômage de longue durée concerne essentiellement les jeunes ayant un niveau de formation inférieur au CAP ou au BEP. Bien qu'ils accèdent à des niveaux d'emplois plus élevés en début de carrière par rapport à leurs aînés, ils perçoivent des salaires d'embauche moins élevés, quel que soit le niveau de diplôme ou la place occupée (ouvriers, employés, cadres). Cette persistance au déclassement des débutants est d'ailleurs constatée dans plusieurs enquêtes [Baudelot, Gollac, 1997]. Plus de 10 % des titulaires de BTS ou DUT accèdent à des postes de cadre cinq ans après la fin de leurs études alors qu'à peine 5 % atteignaient ces postes dans les années quatre-vingt. En revanche, les ouvriers connaissent peu de mobilité : en 1997, 19 % des ouvriers non qualifiés sont bacheliers. Les diplômés du supérieur long (3e cycle) présentent des situations différentes selon leurs spécialisations : ceux des filières scientifiques et techniques accèdent dans un délai de temps plus réduit et bénéficient de salaires plus élevés que ceux des filières littéraires ou de sciences humaines. Les diplômés des écoles d'ingénieurs connaissent des conditions plus favorables d'embauche, de carrière et de salaires que ceux des écoles de commerce ou de gestion [CEREQ, 1999].

Dans l'insertion, l'origine sociale apparaît comme un déterminant structurel. Dès les premiers résultats, les enquêtes « formation-qualification et emploi » réalisées par l'INSEE soulignaient le rôle de l'origine socioprofessionnelle et du niveau de diplôme sur le niveau de l'emploi occupé. Ces « forces de rappel », selon l'expression de Joëlle Affichard [1980], qui impliquent la transmission de la position sociale, s'expliquent par les divers mécanismes qui ont façonné toute la carrière scolaire. Gabrielle Balazs [1983] a ainsi mis en évidence l'importance des réseaux de sociabilité des parents sur le devenir professionnel des jeunes.

C'est parmi les jeunes chômeurs qu'on rencontre le taux le plus élevé de parents n'exerçant plus d'activité professionnelle. En revanche, les titulaires d'un CAP ou d'un BEP ont davantage de chances de trouver un emploi d'ouvrier qualifié lorsque leurs parents exercent une activité ouvrière, d'agent de maîtrise ou de technicien [Marry, 1983 et Faguer, 1983]. Là encore, on peut déceler le poids de pratiques traditionnelles : dans les entreprises de type artisanal, le recrutement des jeunes, titulaires ou non d'un CAP, s'effectue plutôt par le biais des relations personnelles, où le facteur « confiance » créé par la connaissance des parents ou de la famille proche joue un rôle non négligeable [Casella, Tripier, 1986].

3. L'échec scolaire

L'échec scolaire, face négative des déterminants de l'orientation, constitue l'un des problèmes majeurs du système d'enseignement. Il est le plus souvent mesuré par un écart à la norme : retard scolaire (ne pas savoir lire et écrire « à l'heure »), redoublements dès l'école primaire, abandon en cours d'études supérieures. Sans oublier le taux important de jeunes qui quittent le système scolaire sans aucun diplôme (environ 1 % par an).

Les significations de l'échec scolaire

La notion d'échec scolaire devient, pour le sens commun, un stéréotype, ce qui rend difficile son analyse en tant que problème social. Cette notion n'est pas récente : elle apparaît avec la mise en œuvre de l'obligation scolaire, dès le début du siècle. La figure du « mauvais élève », celui que l'école ne peut pas prendre en charge, détermine la création d'un réseau d'institutions d'éducation spécialisée ou de classes spéciales. Cette population scolaire marginale (enfance anormale, débilité légère), jugée « incapable » de bénéficier de l'enseignement proposé, s'élargira par la suite. Cependant, jusqu'aux réformes des années cinquante, les enfants qui échouent à l'examen du certificat d'études ou qui abandonnent l'école avant d'obtenir ce diplôme pouvaient entrer dans la vie active, même s'ils ne sont que fort peu alphabétisés, ce qui est souvent le cas des fils de paysans les plus pauvres ou d'ouvriers peu qualifiés [Isambert-Jamati, 1985]. Les couches moyennes ou aisées, quant à elles, voient dans les difficultés scolaires, surtout au lycée, un fait qui relève d'attributs personnels — ceux du « mauvais élève », du « cancre » — sans pour autant interroger le fonctionnement scolaire.

Cependant, la notion d'échec scolaire est posée dans les années trente ; elle constitue l'un des éléments de l'enquête menée par Henri Wallon pendant la période du Front populaire auprès de plus de 1 000 élèves. Cette enquête, exploitée après la guerre, désigne l'échec scolaire à travers le niveau intellectuel (tests d'intelligence) et le niveau scolaire (appréciations des maîtres) [Isambert-Jamati, 1985]. Ses résultats feront l'objet de vives critiques, notamment de la part de Pierre Naville [1945], qui souligne les limites techniques « objectives » de la notation et attire l'attention sur les « facteurs sociaux » qui pèsent sur les examens ainsi que sur les fonctions sociales de triage, non seulement des examens, mais aussi du système scolaire dans son ensemble. Malgré ces critiques, l'échec scolaire reste, jusqu'aux années soixante, attaché à l'idée de « cas », donc à l'individu.

Les constats statistiques

Le développement de la scolarisation et la réforme scolaire de 1959 ont suscité des études sur les cheminements scolaires, avec le souci d'expliquer les inégalités d'accès à l'éducation. L'enquête longitudinale menée par Alain Girard et Roger Bastide, pour l'INED, entre 1962 et 1972, constitue une importante source d'information sur les mécanismes d'orientation et de sélection scolaire en France. Le suivi d'un échantillon de 17 000 élèves à partir d'octobre 1962 (lycées, CEG, classes de fin d'études primaires, apprentissage, etc.) y est traité en fonction de multiples variables (sexe, âge, niveau de réussite au CM2, résidence, appartenance sociale, demande des parents et avis des maîtres concernant l'orientation). Ses résultats font apparaître les faits suivants.

• La réussite au CM2 à l'âge « normal » constitue un facteur prédictif de la carrière scolaire et de la probabilité d'accès à l'enseignement supérieur : elle était de 4 % pour les élèves que les instituteurs classent comme d'excellents, en 1962, et de 64 % chez ceux qui entrent « en avance » en CM2 (âgés de moins de onze ans). En revanche, elle est nulle pour les « mauvais élèves » et chez ceux qui ont deux ans de retard au CM2.

• Les enfants qui résident dans l'agglomération parisienne lors de leur entrée en sixième représentaient 29 % de ceux qui deviendront étudiants en 1972. Tandis que ceux qui, en 1962, entraient en sixième dans une école de zone rurale représentaient à peine 10 % des étudiants en 1972.

• L'origine sociale représente le facteur déterminant d'échec ou de réussite scolaire. En 1962, les enfants de cadres supérieurs avaient deux fois plus de chances d'entrer en sixième que les enfants d'ouvriers. Quatre ans plus tard, le rapport était de 1 à 2,8 pour l'accès à l'enseignement secondaire, et de 1 à 3,25 pour l'accès à la classe de seconde. Cette enquête fait encore apparaître qu'en 1964, à niveau de revenu égal, en région parisienne, la réussite des enfants était liée au niveau de diplômes des parents.

• La demande de scolarisation des parents est également hiérarchisée socialement : 9 % des cadres supérieurs déclaraient dès l'entrée en sixième leur volonté de voir leurs enfants poursuivre leurs études, tandis qu'à peine 36 % des parents d'origine ouvrière étaient dans ce cas.

• Consciemment ou non, l'avis des enseignants prend en compte l'origine sociale : 78 % des enfants de cadres supérieurs bénéficient d'un avis favorable, mais à peine 30 % des enfants d'ouvriers.

Ce type d'enquête a donné lieu, en France, à divers travaux consacrés à l'échec scolaire [Avanzini, 1967] ; il a incité des chercheurs à s'interroger sur la production des critères mesurant l'excellence scolaire [Bourdieu, Passeron, 1964 et 1970 ; Saint-Martin, 1971 et Forquin, 1990]. Leurs travaux sur les mécanismes de sélection et la fonction de conservation sociale de l'école marqueront une nouvelle approche de la question de l'échec scolaire. Dans les années soixante-dix, l'OCDE promeut des enquêtes comparatives internationales sur les disparités d'accès à l'enseignement secondaire et supérieur ; il est toutefois malaisé d'en analyser les résultats étant donné l'hétérogénéité des structures et des catégorisations des divers pays concernés [Forquin, 1979].

Analyses et explications

L'appartenance sociale. — C'est sous cet angle d'approche qu'ont été réalisés la plupart des travaux concernant l'échec scolaire. Ainsi, Jean-Claude Forquin présente de nombreuses recherches où l'origine sociale apparaît comme la principale source de discrimination entre les « bons » et les « mauvais » élèves. Une étude sur les résultats du baccalauréat obtenus à Nancy montre une relation étroite entre origine sociale et réussite à l'examen, mais aussi l'influence du facteur social sur le choix de la section et l'admission avec mention. Les élèves d'origine sociale modeste choisissent majoritairement les sections considérées comme plus « faciles » et moins « sélectives ». S'ils obtiennent néanmoins des résultats favorables dans les sections prestigieuses telle la S, ils ne sont que 10 % à bénéficier de la mention « très bien » [Precheur, 1977]. L'abandon des études dans l'enseignement supérieur est également attribué aux effets discriminants de l'origine sociale. Les enquêtes d'Hubert Cukrowicz (à Lille, 1980) comme celles de Michel Amiot et d'Alain Frickey (à Nice, 1978) montrent que l'abandon ou l'échec en première année d'Université concerne surtout les jeunes issus des familles ouvrières.

L'implication des familles. — Sur la base de cette corrélation entre origine sociale et performance dans les études, on a pu analyser l'influence des attitudes et des pratiques éducatives des familles sur les résultats scolaires. Il ne s'agit pas seulement des différences de comportements à l'égard de l'école (niveau d'aspirations, ambitions sociales), de façon de voir l'école, mais aussi de la répercussion du « climat familial » sur les résultats scolaires. Cet environnement se traduit par des pratiques éducatives qui sont actuellement considérées comme un enjeu important dans l'échec ou la réussite scolaires.

Les transformations de la structure familiale depuis la période d'après-guerre (baisse de la natalité, prédominance de la famille de deux enfants, multiplication des divorces et des familles monoparentales) ont induit des évolutions dans les pratiques éducatives. Les familles des milieux modestes ou populaires n'apparaissent plus comme homogènes. Elles se différencient non seulement par l'appartenance socioprofessionnelle (par exemple, le fait que le père de famille connaisse ou non une longue période de chômage, ou qu'il exerce un métier ouvrier hautement ou peu qualifié), mais aussi par les origines ethniques (de souche française ou étrangère, origine maghrébine ou d'Europe du Sud) et géographiques, en fonction des variations de l'offre éducative locale.

Des études récentes, il ressort que la diversité des stratégies familiales à l'égard de l'école conditionne les comportements de scolarisation des enfants : choix des établissements, suivi familial de la scolarité, relations avec les enseignants, développement des activités extra-scolaires, rapport aux diplômes préparés. À ces paramètres s'ajoute le « climat familial », autrement dit les conditions plus ou moins favorables pour l'enfant dans sa scolarité. Des études empiriques citées par Philippe Perrenoud et Cléopatre Montandon mettent en évidence l'importance de la structuration de la vie quotidienne dans la famille, du type d'autorité parentale (autonomie laissée à l'enfant), de l'affection que manifestent les parents à l'égard de leurs enfants, de leur attitude face au travail scolaire. La réussite scolaire des filles, notamment dans les études longues et supérieures, tient en partie au rôle d'encouragement, aux récompenses, conseils, exigences ou critiques de la part des parents. Cette dimension relationnelle apparaît comme une combinaison complexe de facteurs d'organisation spatio-temporelle et de comportements familiaux (rigidité ou souplesse) qui sont, en dernier lieu, liés aux catégories sociales. Dans tous les cas, ils renvoient à des modèles différents de socialisation, d'attitudes socio-éducatives des familles, qui préparent ou non leurs enfants à répondre aux exigences de la vie scolaire (patience, ponctualité, régularité, responsabilité individuelle, etc.).

La relation maître/élève. — Un autre élément à prendre en considération est la perception sociale qu'ont les enseignants de leurs élèves. La recherche de Robert A. Rosenthal et Lenore Jacobson [1971] a montré le rôle que jouent les attentes des maîtres dans les performances des élèves et leur attitude positive envers les enfants jugés plus doués ; à l'inverse, s'ils donnent l'impression d'anticiper l'échec, ils peuvent contribuer à le provoquer. Dans leur ouvrage sur l'effet Pygmalion à l'école, les auteurs décrivent le rôle du maître sur un groupe d'élèves expérimental dont il espérait une amélioration de leurs performances intellectuelles Cet « effet Pygmalion » laisse supposer qu'il existe un lien entre échec scolaire et origine sociale, le fait « d'étiqueter » les « bons » et les « mauvais élèves », agissant comme des préjugés qui conditionnent une attitude d'encouragement vers certains élèves [Danvers, 1992].

À côté de la représentation des élèves à partir de leur appartenance sociale ou ethnique, de leur apparence physique, leur façon de s'habiller ou de s'exprimer [Zimmerman, 1978], il faut analyser la perception sociale qu'ont les maîtres de leur « efficacité » à assurer l'apprentissage, leurs stratégies de sélection d'exemples, de contenus, les possibilités ou stimulations qu'ils offrent, de prise et de temps de parole ; le maintien du rythme d'activité des élèves dépend également des « effets d'attente », des critères que le maître juge les plus propres à faire progresser ses élèves. Ces phénomènes, selon Marie Duru-Bellat [1990], interviennent non seulement dans l'échec ou la réussite scolaire, mais aussi dans les différences de performances entre garçons et filles dans les disciplines scientifiques.

4. Les politiques éducatives locales

Dans les années quatre-vingt, pour contrecarrer « l'impuissance des grandes structures à assumer le rôle d'organisation et de régulation » [Jollivet, 1985], on se tourne vers le « local ». Ce nouvel engouement s'inscrit dans un projet politique précis, à l'origine des

lois de décentralisation votées en 1981 et 1983, qui ont largement inspiré le Xe Plan. Dans le domaine de l'éducation, la problématique des liens de l'école avec la communauté (ville, cité ou quartier) est associée à une forme de contestation des compétences de l'État, non seulement pour l'implantation des établissements et l'entretien des équipements, mais aussi dans le domaine de la lutte contre l'échec scolaire, dans le contrôle centralisé qu'il exerce sur le système éducatif à travers les contenus et programmes, l'organisation du travail, les modalités d'évaluation, etc. L'école, selon certains auteurs, ne prend pas assez en compte les particularités des publics, notamment celles des banlieues défavorisées, dans leur diversité culturelle, liée aux appartenances sociales et ethniques.

Les zones d'éducation prioritaires

Cette prépondérance du « local » dans les politiques éducatives s'est concrétisée par l'introduction de nouvelles formes d'organisation des établissements scolaires, regroupés selon des découpages géographiques afin de constituer des « zones d'éducation prioritaire » (ZEP). Ce type de découpage, mis en place à partir de 1981, est fondé sur une notion de « discrimination positive » des publics les plus touchés par l'échec scolaire. Une ZEP doit bénéficier, à l'intérieur du système éducatif, d'une priorité en matière de moyens d'encadrement (soutien, accompagnement, tutorat des enfants en difficulté scolaire), d'un recrutement favorisant la stabilité des personnels de façon à leur permettre d'engager des actions scolaires et extra-scolaires innovantes, en partenariat avec les enseignants et parents d'élèves, mais aussi avec les travailleurs sociaux, en concertation avec les élus et les représentants des entreprises locales. Les services statistiques du ministère de l'Éducation nationale comptaient, en 1998, 563 zones d'éducation prioritaire, concernant 9,4 % des écoles, 16,4 % des collèges, 9,0 % des lycées professionnels et 2,2 % des lycées. À la rentrée 1999 une nouvelle structure est ajoutée : le réseau d'éducation prioritaire visant à « mutualiser les moyens pédagogiques et éducatifs » des établissements.

Ces expériences d'« ouverture » de l'école apparaissent comme une tentative de remise en cause de l'organisation centralisée des établissements, de la sectorisation instaurée par la carte scolaire, de la séparation entre l'école et le milieu social où elle s'insère [Henriot Van Zanten, 1990, 2001]. Cependant, les chercheurs les plus attachés à ce nouveau type d'expérience pédagogique se montrent assez critiques à l'égard de ce projet, estimant que les changements sont plus de l'ordre du discours que des pratiques. L'analyse qu'a réalisée Viviane Isambert-Jamati à partir de rapports soumis par des équipes locales au ministère de l'Éducation nationale éclaire l'action menée dans les ZEP : les choix éducatifs se concrétisent davantage par un renforcement des apprentissages, par une nouvelle organisation des classes, par une intervention de type didactique, que par l'aide ou l'accompagnement des élèves en difficulté (groupes de soutien et pratique de tutorat). Plus de 6 % de ces expériences traduisent néanmoins une volonté de renforcer les liens avec la « communauté » par la création de clubs, de centres socioéducatifs, par la mise en place d'activités sportives ou culturelles, sans pour autant modifier l'organisation du travail pédagogique des établissements [Isambert-Jamati, 1990].

Les relations entre le « local » et le « national »

Cette priorité accordée au « local » n'a cessé de susciter de nouvelles recherches en éducation [Chambon, 1990]. Ce thème fait l'objet de nombreuses études en Grande-Bretagne et aux États-Unis depuis la fin des années cinquante. Les travaux de synthèse réalisés par Jean-Claude Forquin et par Agnès Henriot Van Zanten ont permis d'enrichir l'analyse des inégalités sociales devant l'école et la critique des théories du handicap social dans les pays anglo-saxons ; ils ont en outre développé une analyse comparative internationale sur le thème « des rapports entre les formes d'État et les questions scolaires », à laquelle plusieurs équipes de l'INRP ont contribué. Par la suite, des études menées en France ont posé la question des nouvelles prérogatives accordées aux acteurs institutionnels locaux, de l'élaboration des politiques éducatives territorialisées ou régionales. La notion de partenariat, corollaire de cette approche, suscite à son tour de nouvelles interrogations sur la « redéfinition de la division du travail éducatif » entre les enseignants, les familles, les travailleurs sociaux, les élus et le milieu professionnel [Plaisance, 1988].

Ces travaux s'efforcent d'appréhender le phénomène éducatif sous l'angle de l'articulation du « national » (logiques verticales) et du « local » (logiques horizontales). Certains se sont attachés à montrer qu'une politique de décentralisation reste une politique voulue, définie, organisée et mise en place par l'État. On assisterait donc à une « redistribution » du pouvoir entre le centre et la périphérie [Charlot, 1993]. En se plaçant dans une perspective historique, ces auteurs rappellent que la centralisation en matière d'éducation est le fruit des conflits entre l'État et l'Église.

Dès les années soixante, de fortes tensions sociales et l'émergence d'une « crise urbaine » caractérisée par l'aggravation des inégalités sociales entre les couches moyennes et les « exclus » posent le problème de la ségrégation sociale et ethnique des populations. L'école apparaît tout à la fois comme dépendante de ces conflits sociaux et instrument de l'aggravation des écarts entre les couches sociales [Henriot Van Zanten, 1992]. Ainsi les politiques de décentralisation semblent actuellement être moins rattachées à la lutte contre l'échec scolaire ou aux inégalités scolaires mais s'orientent plutôt vers « un dispositif global de gestion des quartiers en difficulté ». [Bouveau, Rochex, 1997 ; Peignard, Henriot Van Zanten, 1998.]

Les enjeux du « local » dans les politiques éducatives

Mais la question du « local » peut aussi être appréhendée du point de vue des enjeux que celui-ci représente à travers les conditions matérielles et de financement. C'est le cas des analyses menées par Jean-Pierre Briand et Jean-Michel Chapoulie qui montrent l'importance des implications locales dans l'histoire du développement de la scolarisation. Dès le début de l'institutionnalisation du système scolaire, l'ouverture des classes dépend de l'action politique au niveau local, non seulement pour l'enseignement primaire et les lycées, mais aussi pour la création des écoles primaires supérieures, des écoles pratiques de commerce et d'industrie, des écoles des métiers, des classes spéciales des établissements secondaires. Ces établissements n'existent que par référence aux besoins locaux. Cet enseignement professionnalisant de niveau moyen présente d'ailleurs des différences d'organisation et de finalités (types de métiers préparés, par exemple) déterminées par les caractéristiques locales. L'enseignement primaire et secondaire n'est pas non plus épargné par ces enjeux. Le développement de la scolarisation passe aussi par le mode de gestion du réseau d'établissements. Ainsi, dans les années trente, les administrateurs ont tout fait pour maintenir les effectifs au moment des « années creuses » qui ont suivi la guerre de 1914-1918.

Ces auteurs mettent aussi l'accent sur les contraintes que l'école doit à son insertion locale, dans ses relations avec d'autres institutions (Église, entreprises, etc.), mais aussi celles que lui impose sa « clientèle », que sont les familles. Le système scolaire est dépendant du type de recrutement (qualitatif et quantitatif), qui détermine la répartition des classes, les niveaux d'études, les sections. Les responsables des établissements doivent tenir compte des conditions locales pour redéfinir les normes et les conditions de recrutement, les seuils d'effectifs permettant de maintenir ou d'ouvrir des classes ou des sections. Sans oublier la concurrence locale entre établissements à laquelle doivent faire face les gestionnaires. Des pratiques telles que les « campagnes de recrutement », l'aménagement des conditions d'accueil, les efforts pour augmenter le nombre de bourses, les possibilités et les conditions d'internat, le développement des activités extrascolaires tiendraient à cette concurrence.

Bref, si la question du « local » prend actuellement une place non négligeable dans les débats actuels sur l'école, elle est loin d'être nouvelle. Les acteurs locaux n'ont jamais été dans une dépendance totale à l'égard de l'administration centrale. Mais elle reste à analyser de façon spécifique.

5. L'ordre scolaire

L'extension de la scolarisation et le brassage social des publics éloignés des normes scolaires a profondément modifié les rapports entre enseignants et élèves. Espace longtemps protégé, l'école est désormais confrontée aux expressions diverses des problèmes sociaux à travers des actes incivils. Ceci conduit les diverses instances publiques à remettre fortement l'accent sur la fonction d'apprentissage de la vie sociale : l'élaboration réglementaire et législative du droit de l'élève (1989) ou la définition des relations quotidiennes dans les institutions scolaires.

L'école républicaine de la première moitié du XXe siècle, à travers le processus de sélection scolaire et sociale réalisée par l'enseignement secondaire et supérieur, appuyait son équilibre sur l'adaptation du public aux finalités, aux règles de fonctionnement et au type de travail scolaire proposé. Les codes implicites de l'organisation scolaire étaient partagés par les élèves ou les étudiants et par les enseignants. Les chahuts [Testanière, 1967] relevaient des formes de régulation de ce système, tolérés et nécessaires au bon fonctionnement général des institutions. La proximité des valeurs et des pratiques sociales et culturelles des élèves et des enseignants favorisait la reconnaissance de la culture imposée par l'école comme légitime, sachant qu'elle devenait « rentable » dans leurs parcours socioprofessionnels. Les questions sociales telles que la pauvreté, le chômage, la marginalité ne rentraient pas dans l'enseignement puisque les quelques élèves d'origine modeste, notamment les « boursiers méritants », intériorisaient les règles de fonctionnement et s'adaptaient ainsi à l'ordre établi.

L'élargissement de la scolarisation introduit la sélection scolaire et sociale au sein même de l'école à traver le jeu des filières, les différenciations des établissements, des classes, etc. La compétition scolaire se renforce accentuant les écarts entre la valeur sociale des diplômes. Plus encore, les nouveaux publics qui y accèdent apparaissent de plus en plus éloignés des codes sociaux et scolaires établis, des comportements ou d'attitudes attendues par les enseignants et surtout du type de rapports aux études. Les élèves qui sont dans les filières les moins valorisées perçoivent difficilement l'utilité de leurs études et la rentabilité de leur diplôme.

Contrairement aux boursiers méritants, les élèves ou les étudiants d'origine modeste préparent des diplômes sans avoir le sentiment qu'ils entament un parcours de mobilité ascendante. Face aux bénéfices improbables de leurs études, les jeunes acceptent mal les contraintes du travail scolaire. Cette relation désenchantée aux études n'est pas sans conséquences sur les modalités de fonctionnement des établissements et du « métier d'élève ». Ainsi les régulations qui semblaient « aller de soi » se sont défaites et demandent d'être construites selon les situations scolaires et les caractéristiques des élèves. De ce fait les routines scolaires ont été profondément déstabilisées et ne s'imposent plus comme auparavant.

Les apprentissages des organisations scolaires

À l'école les élèves apprennent à vivre en groupe, à faire un usage spécifique du temps et à être constamment évalués. Ils intériorisent également les attente implicites instaurées par les organisations scolaires : formes pertinentes d'expression, de déplacement dans la classe ou dans l'établissement, des connaissances institutionnelles [Van Zanten, 2001]. Dès l'école maternelle, les élèves apprennent et maîtrisent un univers social marqué par les tensions diverses qui caractérisent l'expérience scolaire. Les élèves apprennent la « ruse », les tactiques permettant de concilier les exigences scolaires et la nécessité de maintenir une bonne réputation au sein du groupe de pairs [Dubet, Martucelli, 1996].

Plusieurs auteurs traitant du « métier d'élève » observent les multiples stratégies de négociation, directe ou indirecte, qu'ils développent afin de valoir le travail accompli ou à contester les exigences du travail demandé ou des contenus des enseignements. La triche aux examens, répandue et rarement dénoncée, apparaît comme objet de « compromis » pouvant être énoncé en tant que « chacun a le droit de travailler à sa réussite personnelle, quitte à enfreindre des règles censées garantir la justice de l'institution » [Rayou, 1998].

Néanmoins, il en va différemment à l'université, puisque devenir étudiant implique un travail important de décryptage des modalités de fonctionnement de cette institution et d'intériorisation du nouveau statut social. C'est l'apprentissage d'un nouveau vocabulaire, de nouvelles règles et pratiques d'études, de l'organisation de l'enseignement, avec le risque de découragement face à l'anonymat ou l'isolement. Les « nouveaux étudiants » doivent aussi acquérir, maîtriser et interpréter l'usage des règles et de leur détournement afin de construire une carrière étudiante, dans une affiliation intellectuelle ou dans sa contestation [Coulon, 1997]. Cela peut expliquer que les étudiants cherchent moins que les collégiens ou les lycéens à négocier ou à détourner les règles du jeu à l'université, où les enseignants (ici, juges et arbitres) ont un poids plus important dans la compétition qui s'instaure [Le Bart, Merle, 1997].

Dans cet apprentissage de l'ordre social à l'école, les interactions qui se nouent entre les enseignants et les élèves ou les étudiants évoluent constamment : la qualité relationnelle entre les enseignants et les élèves joue un rôle croissant dans la réussite scolaire. En général, le « bon enseignant » est celui qui dispose non seulement des compétences techniques mais se montre aussi compréhensif, disponible et gentil. À l'école primaire, le jugement du maître est rarement mis en question y compris lorsque celui-ci porte son choix sur un bon élève, pour lui accorder certains privilèges [Montandon, 1997, Rayou, 1999]. Au collège, les qualités relationnelles deviennent plus importantes pouvant entretenir la confusion entre le type de relations établies entre les élèves et les enseignants et l'acquisition des savoirs. Les élèves « aiment » ou pas une matière selon l'« admiration » ou la « crainte » qu'ils portent sur les enseignants. La relation d'autorité que l'élève vit dans le secondaire est celle d'une recherche d'un équilibre entre ses propres intérêts, son groupe de camarades et l'autorité incarnée par les enseignants, les personnels de surveillance et de sa famille. C'est pourquoi le secondaire est un lieu stratégique d'apprentissage social bien plus que le primaire et le supérieur [Pitts, 1981 ; Percheron, 1974]. Avec la crise d'adolescence, les collégiens et les lycéens ont tendance à mettre en question toute expression d'autorité, parentale ou professorale. Les formes de cette crise sont différentes selon le sexe (les filles plus hostiles envers les professeurs) et les origines sociales. Les lycéens issus des couches sociales favorisées, scolarisés dans les établissements bien cotés, sont plus enclins à critiquer les qualités intellectuelles ou les méthodes de travail des enseignants. En revanche, les lycéens d'origine modeste, fréquentant les établissements défavorisés, ont tendance à associer les qualités de relations qu'ils établissent avec les enseignants avec leurs capacités d'apprentissage ou leurs dispositions intellectuelles à l'égard de telle discipline. Ils ressentent plus fortement les sentiments négatifs qu'ils décèlent chez les enseignants (formalisme, indifférence, hostilité). Ils y voient l'expression d'un profond mépris à leur égard, à l'origine de conflits et d'actes d'incivilité en classe [Van Zanten, 1999 ; Barrère, 1997]. Plus que des actes violents ou incivils, les étudiants affichent des comportements d'indifférence, de distanciation. Néanmoins, ces dernières années, on voit apparaître chez les étudiants, des actes comparables à ceux des lycéens à l'égard des enseignants (menaces, chahuts, expressions déplacées).

De leur côté, les enseignants sont désarmés lorsque leur autorité est mise en cause. Face à l'indiscipline, au désordre, aux insultes, ils évoquent le règlement interne et les sanctions. Or celles-ci sont perçues, notamment par les élèves en difficultés (origines populaires et étrangères), comme arbitraires ou inadaptées. Les orientations politiques ministérielles visent alors à renforcer l'autorité institutionnelle — chef d'établissement — et l'augmentation des personnels de surveillance.

Participation et intégration dans les institutions d'enseignement

Les travaux sur la sociabilité des élèves et des étudiants dans l'espace scolaire mais en dehors de la classe, restent, en France, balbutiants. Le rôle des camarades dans l'apprentissage et l'intégration scolaire est pourtant considéré important, favorisant l'arrivée des « nouveaux venus » ou des enfants éloignés des pratiques scolaires quotidiennes. Contrairement aux comportements dans les salles de cours, où l'enseignant joue un rôle prépondérant, dans l'espace de récréation ou de loisirs des établissements d'enseignement, les camarades, à travers leurs comportements de solidarités ou de ségrégation, exercent une influence très importante dans la scolarisation. Face aux différences ethniques, culturelles et sociales, les élèves créent des réseaux amicaux indifférents aux stigmatisations que certains enfants subissent ailleurs [Rayou, 1999]. Les solidarités se nouent entre les « petits » et les « grands » : tantôt comme forme d'affirmation et de cohésion du groupe, dans lequel les bagarreurs sont rarement sanctionnés puisque les adultes (surtout les professeurs) considèrent ce comportement indispensable à la constitution de l'identité masculine ; tantôt comme mode de solidarité face aux brimades des enseignants ou personnels de surveillance.

L'orientation en fin de 3e implique le remodelage des formes de sociabilité. Le choix des filières a un impact profond sur les jeunes de 16 et 18 ans car plusieurs réseaux amicaux s'estompent au profit d'un enfermement social lié à la fois au type d'études entrepris, à la destinée sociale qui se dessine et aux nouvelles formes comportementales selon l'attitude des familles (sorties, élargissement du cercle de copains, exigences d'application au travail scolaire) [Rayou, 1998]. C'est le phénomène des bandes, du repli sur une communauté, d'appropriation des espaces publics ainsi que la rupture avec des règles imposées à partir desquelles se développent des expériences d'incivilité, d'attitudes violentes ou déviantes. Là encore les solidarités entre pairs permettent de dépasser les différences sociales, culturelles ou ethniques et d'atténuer l'importance de la sélection et de la compétition sur lesquelles repose le fonctionnement de l'enseignement [Van Zanten, 1999 ; Rayou, 1998].

Dans les lycées professionnels s'installent le plus souvent des pratiques de chahut sans raisons affichées ou programmées d'avance. Certains comportements graves apparaissent (déprédations, insultes, vols) en tant qu'expression des révoltes contre l'ordre établi. Néanmoins, les comportements agressifs restent des phénomènes individuels, sans prendre les formes de révoltes « anti-école » comme en Grande-Bretagne (Peignard, 1998). En revanche, en France, on dénote le développement du décrochage scolaire (absentéisme, indifférence scolaire) surtout dans les lycées professionnels et chez les lycéens d'origine étrangère [Guigue, 1998].

Ainsi, du primaire au lycée les élèves construisent une société restreinte structurée par des règles et des formes de régulation qui leur sont propres. On observe que plus ils sont jeunes plus ils se soumettent aux règles du jeu de l'école, comme si l'apprentissage des règles de l'organisation scolaire leur permettait de s'opposer ou de prendre des distances aux injonctions des adultes au sein des établissements. Lorsque les élèves participent aux décisions des établissements, ils affichent bien plus souvent le sentiment d'injustice, de l'arbitraire des notations ou des punitions auxquels ils sont soumis. Cependant, les lycéens manifestent peu d'intérêt aux dispositifs institutionnels qui leur sont proposés « maison des lycéens ou syndicats des lycéens » et leur méfiance peut s'étendre aux délégués de classe. S'ils s'impliquent dans la vie scolaire, c'est pour assouplir le cadre organisationnel en vue d'élargir les possibilités des sociabilités propres [Ballion, 1998]. Certains auteurs voient dans cette demande de reconnaissance de leurs comportements ou de leurs aspirations l'expression de la revendication de la citoyenneté scolaire, des droits des élèves [Barrère, Martucelli, 1998 ; Rayou, 2001]. Néanmoins, les lycéens se montrent très réticents aux participations institutionnelles collectives. Les grandes manifestations des lycéens, depuis une vingtaine d'années, se sont organisées autour de revendications d'améliorations des conditions formelles ou matérielles des études. En 1986, les lycéens se sont joints aux étudiants contre la loi Devaquet, qui prévoyait le renforcement de la sélection à l'entrée des universités et l'augmentation des droits d'inscription ; en 1991, ils ont réclamé une augmentation substantielle du budget alloué aux lycées, notamment professionnels ; en 1994, le retrait du Contrat d'insertion professionnelle, qui prévoyait des salaires au-dessous du SMIC pour les jeunes diplômés ; Patrick Rayou remarque la capacité des lycéens et étudiants à organiser des actions emblématiques qui rejoignent par ailleurs des revendications de certaines couches sociales à l'égard de la scolarisation parce qu'elles expriment des critiques plus générales de l'action gouvernementale.

Les lycéens et les étudiants se montrent méfiants à l'égard des syndicats, considérés proches des partis politiques. Les étudiants, et les jeunes en général, présentent d'ailleurs des comportements politiques d'indifférence : abstention importante lors de consultations électorales, peu d'intérêts pour les débats politiques sauf lorsqu'ils concernent la solidarité avec les plus démunis. La prolongation des études et les incertitudes de la transition professionnelle conduisent les étudiants à retarder l'accès au statut d'adulte. D'où une forte sociabilité avec les pairs, conjuguée avec la protection de la famille mais développant peu d'attitudes d'engagement politique et social, en dehors des événements importants touchant les conditions d'études ou de grandes causes de solidarité.

Les mutations de la famille, le sentiment de permissivité, l'affaiblissement de l'autorité des institutions ou du pouvoir charismatique de certains acteurs constituent la toile de fond des difficultés scolaires qui, depuis les années 1980, marquent une crise importante de l'ordre établi en milieu scolaire ou universitaire, qui se traduisent par des incivilités ou des microviolences [Debarbieux, 2000] sans oublier la crise morale des enseignants qui rejaillit sans doute sur les élèves. Ici, la tentation est celle de prôner la restauration de l'ordre selon les valeurs républicaines de la fin du XIXᵉ siècle. L'illusion d'une « belle époque » scolaire, perdue et à retrouver ne saurait pas détourner de la tâche de reconstruire un ordre scolaire différent reposant sur des règles compréhensibles, acceptées et élaborées par tous.

Conclusion

Créé par palliers successifs et par la juxtaposition des réseaux d'établissements, le système éducatif s'est imposé comme l'une des institutions nationales majeures. Il s'est constitué autour des idées de l'unification, de la centralisation et de la démocratisation. Les réformes qui se sont succédées au long de son évolution n'ont pas mis en causes ces principes qui constituent un élément de stabilité de l'institution scolaire. Celle-ci connaît pourtant, depuis près d'un demi-siècle, de profondes modifications. L'école est d'abord confrontée à une croissance du public qui affecte ses effectifs mais surtout l'homogénéité des élèves qu'elle accueille. Ce mouvement de massification n'a donc pas effacé les inégalités de trajectoires scolaires liées aux origines sociales et géographiques des enfants, ou à la différenciation entre garçons et filles et l'échec scolaire continue de constituer un « problème social ».

Le système éducatif a su s'adapter sans mettre en cause les valeurs de la culture scolaire ou les règles de son fonctionnement. À l'augmentation des effectifs, a répondu, par le jeu des choix offerts ou des mécanismes d'orientation, une hiérarchisation des filières, des sections ou des établissements. Le système d'enseignement continue ainsi de contribuer aux destins sociaux des élèves. Par le développement des politiques locales, qui impliquent un traitement différencié des élèves, il répond aux objections à sa centralisation excessive et fait preuve de sa capacité à s'ajuster aux nouvelles demandes tout en préservant sa continuité et sa permanence. D'où l'idée que tout projet de réforme radicale serait illusoire.

Chronologie

1208-09 Constitution de l'université de Paris.

1220 Fondation de l'université de Montpellier.

1360 Fondation de l'université de Toulouse.

1530 Fondation du Collège royal par François Ier.

1556 Création du premier collège de jésuites à Billom (Auvergne).

1698 *18 décembre :* déclaration royale, obligation scolaire sous l'égide de l'État et le contrôle de l'Église.

1747 Création de l'École des ponts et chaussées.

1751 Fondation de l'École militaire de Paris.

1762 Le Parlement ordonne la fermeture des collèges des jésuites.

1766 Création de l'agrégation de la faculté des arts.

1792 *20 avril :* rapport Condorcet à l'Assemblée législative.

1793 Suppression des universités et collèges de l'Ancien Régime. Fondation du Muséum d'histoire naturelle.

1794 Création de l'École centrale des travaux publics, future Polytechnique. Création du Conservatoire des arts et métiers. Création d'une École normale à Paris, future École normale supérieure.

1795 Fondation des écoles spéciales, les écoles centrales. Organisation de l'enseignement primaire.

Établissement de la gratuité partielle dans les écoles primaires.

1800 Création de la première École d'arts et métiers.

1802 Création des lycées. Les écoles primaires sont sous la responsabilité des communes.

1806-08 Fondation et organisation des universités. Réglementation des écoles primaires. Réglementation du baccalauréat.

1816 Ordonnance portant sur l'instruction primaire. Les maîtres doivent préparer le brevet de capacité.

1819 Extension aux écoles de filles des dispositions d'ordonnance de 1816.

1821 Organisation des agrégations de lettres et de sciences.

1824 Création du ministère de l'Instruction publique.

1828 Création de l'agrégation de philosophie.

1829 Denys Cochin ouvre, à Paris, la première salle d'asile qui donnera lieu à l'école maternelle.

1830 Création de l'agrégation d'histoire.

1833 *28 juin :* loi Guizot qui rénove l'instruction primaire. Les communes sont obligées d'entretenir une école primaire et d'y assurer la gratuité partielle. Les maîtres doivent préparer le brevet élémentaire ou supérieur. Les départements doivent

	entretenir une école normale d'instituteurs. Création d'écoles primaires supérieures. Les salles d'asile sont mentionnées dans l'application de la loi Guizot.		l'École normale supérieure de Saint-Cloud.
1834	Organisation des programmes et des modalités pédagogiques des écoles primaires. Création du certificat d'études.	1884	Création de deux agrégations féminines : lettres et sciences.
1835	Création du premier corps d'inspecteurs primaires.	1886	Loi Goblet sur l'enseignement primaire : instaure la laïcité du personnel ; permet l'ouverture des écoles libres. Crée le statut des EPS.
1836	Extension de la loi Guizot aux écoles de filles.		
1838	Création du brevet dans l'école normale. Obligation des écoles d'assurer l'enseignement des langues vivantes.	1889	Les maîtres d'écoles publiques deviennent fonctionnaires de l'État.
1850	15 mars : loi Falloux qui favorise l'enseignement congréganiste.	1890	Instructions officielles pour l'enseignement secondaire et réforme du baccalauréat.
1865	21 juin : loi Duruy qui instaure l'enseignement secondaire spécial.	1896	10 juillet : loi réunissant les facultés dans chaque académie en une université.
1867	Loi Duruy sur l'enseignement primaire : possibilité de gratuité totale ; obligation pour les communes de plus de 500 habitants d'ouvrir des écoles de filles. Instauration de cours secondaires pour les filles.	1902	Institution de l'avancement à l'ancienneté pour les instituteurs. Réforme de l'enseignement secondaire, introduction d'une section sans latin au baccalauréat.
1868	Fondation de l'École pratique des hautes études.	1904	Loi Combes qui interdit l'enseignement congréganiste.
1872	Fondation de l'École libre des sciences politiques.	1911	24 octobre : décret instaurant le certificat d'aptitude professionnel (CAP).
1879	20 décembre : loi Camille Sée sur la création des lycées de jeunes filles.		
1881	16 juin : loi Ferry qui instaure la gratuité de l'école primaire publique. 26 juillet : création de l'École normale supérieure de jeunes filles à Sèvres. Organisation des programmes des cours complémentaires (CC) et des EPS (enseignement primaire supérieur). Création de l'École des hautes études commerciales (HEC).	1918	Publication d'un manifeste de l'Université nouvelle qui prône l'école unique.
		1919	25 juillet : loi Astier créant des cours professionnels obligatoires pour les apprentis.
		1921	Décret organisant les écoles des métiers. Décret sur les écoles maternelles qui institue leur programme, les effectifs maximaux (50 enfants par classe), la parité de statut des institutrices de maternelle avec les autres institutrices primaires.
1882	28 mars : loi Ferry sur la laïcité et l'obligation scolaire (7-13 ans) de l'enseignement primaire. Fondation de	1922	Création de l'orientation professionnelle.

1924	Décret qui assimile l'enseignement féminin à l'enseignement masculin.
1925	*10 juillet :* création de la taxe d'apprentissage.
1926	Les classes élémentaires des lycées sont alignées sur celles du primaire. Les EPS sont intégrées dans les collèges.
1928	Institution du contrat d'apprentissage.
1930	Loi de finances qui instaure le principe de la gratuité de tous les établissements secondaires.
1933	Création d'un examen d'entrée en sixième, supprimé en 1961.
1934	Le ministère de l'Instruction publique devient ministère de l'Éducation nationale.
1936	*9 août :* l'obligation scolaire est portée à 14 ans.
1937	Uniformisation des programmes des EPS et de l'enseignement secondaire. Création de trois directions (écoles, collèges et lycées) au ministère de l'Éducation nationale.
1939	*21 septembre :* création des centres de formation professionnelle (CFP). Création, en dehors des universités, du Centre national de recherche scientifique (CNRS).
1940	Autorisation de l'enseignement congréganiste. Exigence du baccalauréat pour les instituteurs.
1941	Lois Carcopino : transformations des EPS en collèges modernes et des écoles pratiques de commerce et d'industrie (EPCI) en collèges techniques. Suppression de la gratuité de l'enseignement secondaire.
1944	*8 novembre :* installation de la Commission Langevin-Wallon qui relance le thème de l'« école unique ».

1945	Suppression des écoles élémentaires de lycée. Création de l'École nationale d'administration (ENA).
1948	Création d'une première année « propédeutique » dans les facultés de lettres et de sciences.
1949	*21 février :* création des centres d'apprentissage (CA) qui remplacent les CFP.
1950	Création du CAPES (certificat d'aptitude au professorat de l'enseignement du second degré) comme concours de recrutement de l'enseignement secondaire.
1951	Loi Marie et loi Barangé qui permettent l'obtention des bourses d'État et d'allocation à l'enseignement privé.
1952	Création du brevet de technicien.
1954-58	Création de la thèse de troisième cycle.
1958	Création des centres hospitaliers universitaires (CHU) et réforme des études médicales (loi Debré).
1959	*6 janvier :* réforme Berthoin. Ordonnance portant sur l'obligation scolaire à 16 ans qui ne devient effective qu'en 1967. Création des collèges d'enseignement général (CEG). *31 décembre :* loi Debré qui instaure un système de contrat entre l'État et les écoles privées.
1960	*2 août :* création des collèges et des lycées agricoles.
1961	Suppression de l'examen d'entrée en sixième. Création des classes de transition et pratiques.
1963	*3 mai :* instauration de la « carte scolaire ». *3 août :* réforme Fouchet, création des collèges d'enseignement secondaires (CES) à quatre sections : classique, moderne, moderne court et transition, destinés à remplacer les CEG et les premiers cycles des lycées.

1965	*10 juin :* création du baccalauréat de technicien.
1966	*7 janvier :* création des instituts universitaires de technologie (IUT). Réforme de l'enseignement supérieur créant deux cycles de deux ans (DUEL et DUES) suivis de licence et maîtrise.
1967	Création des sections d'éducation spécialisée (SES).
1968	*22 mars :* grèves et mouvements étudiants à l'université de Nanterre qui s'étendent à Paris et dans les principales villes de province. *12 novembre :* loi Edgar Faure, loi d'orientation réorganisant l'enseignement supérieur.
1969	*30 mai :* décret créant le corps de professeurs d'enseignement général des collèges (PEGC) qui sera mis en extinction en 1986. *7 août :* réforme de l'organisation pédagogique des écoles primaires et mise en œuvre des « disciplines d'éveil ».
1970	*2 janvier :* introduction des mathématiques modernes à l'école primaire.
1971	Loi établissant un *numerus clausus* à la fin de la première année de médecine. *16 juillet :* lois sur la formation continue professionnelle et sur l'apprentissage professionnel.
1972	Arrêté créant les CPPN (classes préprofessionnelles de niveau) et les CPA (classes de préparation à l'apprentissage). Arrêté fixant le congé hebdomadaire au mercredi au lieu du jeudi.
1973	Réforme des études supérieures — lettres et sciences — par la création du premier cycle (DEUG : diplôme d'études universitaires générales), licence et maîtrise (second cycle). Création des centres de documentation et d'information dans les établissements secondaires.
1974	Arrêté créant le DEA (diplôme d'études approfondies) et le DESS (diplôme d'études supérieures spécialisées).
1975	*11 juillet :* réforme Haby qui instaure le « collège unique » (classes indifférenciées dans les CES).
1977	*25 novembre :* loi Guermeur qui étend l'aide à l'enseignement privé.
1982	Mise en place des ZEP (zones d'éducation prioritaire) par le ministre Alain Savary.
1984	Retrait du projet de loi Savary portant sur l'école privée.
1985	*25 janvier :* loi fixant les compétences de l'État et des collectivités locales pour l'éducation dans le cadre de la décentralisation. Création du baccalauréat professionnel. Le ministre Chevènement fixe l'objectif de « 80 % d'une classe d'âge au niveau du baccalauréat », pour l'an 2000.
1989	*10 juillet :* loi d'orientation sur l'éducation présentée par L. Jospin. Création des cycles dans l'enseignement primaire. Création des IUFM (instituts universitaires de formation des maîtres). Chaque établissement est tenu d'élaborer un projet d'établissement.
1991	Suppression des écoles normales et ouverture des IUFM, chargés de la formation des professeurs d'école (instituteurs) et des professeurs du secondaire. *Octobre :* ouverture des 27 premiers IUP (instituts universitaires professionnalisés). Création de sept nouvelles universités dont quatre implantées en région parisienne (Cergy-Pontoise, Évry, Marne-la-Vallée, Saint-Quentin-en-Yvelines).

1992 Nouvelle organisation des sections au baccalauréat, prévues pour les élèves qui se présenteront en juin 1994 : *Baccalauréat général*.
- Séries littéraires (lettres-arts, lettres-mathématiques, lettres-langues, lettres classiques).
- Série économique et sociale (économie-langues vivantes, économie-mathématiques, économie-sciences sociales).
- Série scientifique (mathématiques-physique, mathématiques-biologie, mathématiques-technologie).

Baccalauréat technologique
- Série sciences et techniques (comptabilité et gestion, gestion et informatique, communication et action commerciale, communication et organisation).
- Série sciences et techniques (génie mécanique, électronique, civil, énergétique).
- Série sciences et techniques de laboratoire (physique de laboratoire et génie des procédés, chimie de laboratoire et génie des procédés, biochimie et génie biologique).
- Série sciences médico-sociales : préparation aux concours des secteurs sanitaires et social ou de bureautique.

1993 Réaménagement des séries du baccalauréat par la création de la série « Arts ».

1995 *13 juillet :* loi réorganisant le collège en trois cycles visant à améliorer la liaison école-collège en sixième et la mise en place d'études dirigées ou encadrées.

1997 Introduction des enseignements à option au collège : latin, langues vivantes et régionales, technologie et le rétablissement de la physique (supprimée en 1989).

1997 *9 avril :* réforme des études des premiers et deuxièmes cycles universitaires dite « Réforme Bayrou ».

1998 Rapport au ministre de l'Éducation nationale sur les principes de référence pour la réforme des lycées, suite aux résultats d'une consultation nationale (lycéens et enseignants).

1998 Plan U3M (2000-2012) concernant la vie étudiante et l'introduction de nouvelles technologies à l'Université.

1999 Rapport « collège 2000 » au ministre de l'Éducation nationale pour l'introduction des cultures techniques et professionnelles, de l'éducation à la citoyenneté ainsi que la pratique d'évaluation des performances des établissements.

1999 Projet de réforme visant l'allègement des programmes des lycées.

1999 Projet d'harmonisation européenne « 3, 5 et 8 ans » d'études supérieures après le baccalauréat.

2000 Création des travaux personnels encadrés (TPE) en lycée et des projets pluridisciplinaires à caractère professionnel (PPCP) en LP.

2002 Installation progressive de l'organisation de l'enseignement supérieur dans les universités : licence, master et doctorat.

Table des sigles

AES — Filière administrative, économique et sociale des universités.

AFPA — Association pour la formation professionnelle des adultes.

ALLER — Allocataires d'enseignement et de recherche.

ASSEDIC — Association pour l'emploi dans l'industrie et le commerce.

ATER — Attaché temporaire d'enseignement et de recherche.

ATOS — (Personnel) Administratif, technique, ouvrier, social, de santé et de service.

BEP — Brevet d'études professionnelles.

BEPA — Brevet d'études professionnelles agricoles et classes y préparant.

BP — Brevet professionnel (diplôme de formation continue).

BT — Brevet de technicien.

BTA — Brevet de technicien agricole et classes y préparant.

BTS — Brevet de technicien supérieur.

CAFOC — Centre académique à la formation continue.

CAP — Certificat d'aptitude professionnelle et préparation en deux ou trois ans ans.

CAPES — Certificat d'aptitude au professorat de l'enseignement du second degré.

CAPET — Certificat d'aptitude au professorat de l'enseignement technique.

CE1 — Cours élémentaire première année.

CE2 — Cours élémentaire deuxième année.

CEG — Collège d'enseignement général, maintenant « collège ».

CEP — Certificat d'éducation professionnelle et classe y préparant.

CEREQ — Centre d'études et de recherches sur les qualifications.

CES — Collège d'enseignement secondaire, maintenant « collège ». Contrat d'emploi solidarité.

CET — Collège d'enseignement technique (ancienne appellation des LP).

CFA — Centre de formation d'apprentis.

CFC — Conseiller en formation continue.

CFDT — Confédération française démocratique du travail.

CGT — Confédération générale des travailleurs.

CIES — Centre d'initiation à l'enseignement supérieur.

CIO — Centre d'information et d'orientation.

CIPPA — Cycle d'insertion professionnelle par alternance.

111

CLIPPA	Classe d'initiation préprofessionnelle par alternance.
CM1	Cours moyen première année.
CM2	Cours moyen deuxième année.
CMPP	Centre médico-psychopédagogique.
CNAM	Conservatoire national des arts et métiers.
CNDP	Centre national de documentation pédagogique.
CNE	Conseil national d'évaluation.
CNED	Centre national d'enseignement à distance.
CNRS	Centre national de recherche scientifique.
CNU	Conseil national des universités.
CP	Cours préparatoire.
CPA	Classe préparatoire à l'apprentissage.
CPE	Conseiller principal d'éducation.
CPGE	Classe préparatoire aux grandes écoles.
CPPN	Classe préprofessionnelle de niveau.
CRDP	Centre régional de documentation pédagogique.
CROUS	Centre régional des œuvres universitaires et scolaires.
CTL	Chef de travaux de lycée.
DAEU	Diplôme d'accès aux études universitaires (ex. ESEUL).
DAFCO	Délégation académique à la formation continue.
DEA	Diplôme d'études approfondies.
DESS	Diplôme d'études supérieures spécialisées.
DEUG	Diplôme d'études universitaires générales.
DEUST	Diplôme d'études universitaires en sciences et techniques.
DIE	Dépense intérieure d'éducation.
DPD	Direction de la programmation et du développement (ex-DEP et SPRESE).
DU	Diplôme d'Université.
DUT	Diplôme universitaire de technologie.
EHESS	École des hautes études en sciences sociales.
ENA	École normale d'administration.
ENNA	École normale nationale d'apprentissage.
ENS	École normale supérieure.
ENSAM	École nationale supérieure d'arts et métiers.
ENSI	École nationale supérieure d'ingénieurs.
EPLE	Établissement public local d'enseignement (nouveau statut des collèges et des lycées publics mis en place depuis 1985 leur conférant une certaine autonomie d'organisation interne et de financement sur le plan local).
EPS	Écoles primaires supérieures Éducation physique et sportive.
ESC	École supérieure de commerce (ex-ESCAE).
FCPE	Fédération des comités de parents d'élèves.
FEN	Fédération de l'Éducation nationale.
GRETA	Groupement d'établissements.
HEC	École des hautes études commerciales.
IA	Inspecteur d'académie.
IDEN	Inspecteur départemental de l'Éducation nationale.
IEN	Inspecteur de l'Éducation nationale (intègre depuis 1990 les IDEN, les IET et les IIO).
IEP	Institut d'études politiques (de Paris).
IET	Inspecteur de l'enseignement technique.
IIO	Inspecteur de l'information et de l'orientation.
INRP	Institut national de recherche pédagogique.

INSA	Institut national des sciences appliquées.	PLP1	Professeur de lycée professionnel de premier grade.
INSEE	Institut national de la statistique et des études économiques.	PLP2	Professeur de lycée professionnel de second grade.
IPR	Inspecteur pédagogique régional.	PRAG	Professeur agrégé exerçant ses activités à l'Université.
IREDU	Institut de recherche sur l'économie de l'éducation.	PREC	Professeur certifié exerçant ses activités dans les universités, IUFM, IUT.
IUFM	Institut universitaire de formation des maîtres.		
IUP	Institut universitaire professionnalisé.	REP	Réseaux d'éducation prioritaire.
IUT	Institut universitaire de technologie.	RERS	Repères et références statistiques-MEN (données annuelles).
LEGT	Lycée d'enseignement général et technologique.		
LP	Lycée professionnel (ex-LEP : lycée d'enseignement professionnel).	SEGPA	Section d'enseignement général et professionnel adapté ancien GCA (groupe de classes-atelier).
MAFPEN	Mission académique à la formation des personnels de l'Éducation nationale.	SES	Section d'éducation spécialisée.
		SGEN	Syndicat général de l'Éducation nationale (CFDT).
MASS	Mathématiques appliquées aux sciences sociales.	SMIC	Salaire minimum interprofessionnel de croissance.
MIAGE	Maîtrise de méthodes informatiques appliquées à la gestion.	SNES	Syndicat national de l'enseignement secondaire.
MEN	Ministère de l'Éducation nationale.	SNI	Syndicat national des instituteurs.
MSG	Maîtrise en sciences de gestion.	STAPS	Sciences et techniques des activités physiques et sportives (universités).
MST	Maîtrise de sciences et techniques.	STS	Section de techniciens supérieurs.
ONISEP	Office national d'information sur les enseignements et les formations.	STT	Sciences et technologies tertiaires.
PAE	Projet d'action éducative.	UFR	Unité de formation et de recherche (ex-UER).
PCS	Profession et catégorie sociale (ex-CSP).		
PEEP	(Association des) Parents d'élèves de l'enseignement public.	VAE	Validation des acquis de l'expérience (2002).
		VAP	Validation des acquis professionnels (1992).
PEGC	Professeur d'enseignement général de collège.	ZEP	Zone d'éducation prioritaire.
PIB	Produit intérieur brut.		

Repères bibliographiques

Générale

AVANZINI G., *L'École, d'hier à demain*, ERES, Paris, 1991.

BAUDELOT Ch., ESTABLET R., *L'École capitaliste en France*, Maspero, Paris, 1971.

BAUDELOT C., ESTABLET R., « Les filles et les garçons dans la compétition scolaire », *Données sociales*, INSEE, Paris, 1990.

BOURDIEU P., PASSERON J.-C., *Les Héritiers, les étudiants et la culture*, Éd. de Minuit, Paris, 1964.

BOURDIEU P., PASSERON J.-C., *La Reproduction*, Éd. de Minuit, Paris, 1970.

BOURDIEU P., *La Noblesse d'État*, Éd. de Minuit, Paris, 1989.

BRIAND J.-P., CHAPOULIE J.-M., *Les Collèges du peuple. L'enseignement primaire supérieur et le développement de la scolarisation prolongée sous la troisième République*, éd. CNRS, Paris, 1992.

CABOCHE A., *Aperçu du système éducatif français*, Centre international d'études pédagogiques, Paris, 1993.

CHARLOT B., *L'École en mutation*, Payot, Paris, 1987.

CHARTIER R., JULIA D., COMPERE M.-M., *L'Éducation en France du XVIᵉ au XVIIIᵉ*, SEDES, Paris, 1976.

COMPÈRE M.-M., *Du collège au lycée (1500-1850)*, Gallimard/Julliard, Paris, 1985.

DANVERS F., *Sept Cents mots clefs pour l'éducation*, Presses universitaires de Lille, 1992.

DELSAUT Y., *La Place du maître. Une chronique des écoles normales d'instituteurs*, L'Harmattan, Paris, 1992.

DPD, *Repères et références statistiques sur les enseignements et la formation*, ministère de l'Éducation nationale, Paris, 1992, 1997 et 1998.

DURAND-PRINBORGNE C., *L'Administration scolaire*, Sirey, Paris, 1989.

DURKHEIM É., *L'Évolution pédagogique en France*, PUF, Paris, 1938.

DUTERCQ Y., « Administration de l'éducation : nouveau contexte, nouvelles perspectives », *Revue française de pédagogie*, Paris, n° 130, mai 2000.

DURU-BELLAT M., HENRIOT-VAN ZANTEN A., *Sociologie de l'école*, Armand Colin, Paris, 1999.

FORQUIN J.-C., *L'École et la culture. Le point de vue des sociologues britanniques*, De Bœck, Bruxelles, 1990.

FURET F. et OZOUF J., *Lire et écrire. L'alphabétisation des Français de Calvin à Jules Ferry*, Éd. de Minuit, 2 vol., Paris, 1977.

GAULUPEAU Y., *La France à l'école*, Gallimard, coll. « Découvertes », Paris, 1992.

GOBLOT E., *La Barrière et le niveau*, Gérard Montfort, 1925, rééd. 1984.

HAMON H., ROTMAN P., *Tant qu'il y aura des profs*, Seuil, Paris, 1984.

ISAMBERT-JAMATI V., *Culture technique et critique sociale à l'école élémentaire*, PUF, Paris, 1984.

KARADY V., « L'expansion universitaire et évolution des inégalités devant la carrière d'enseignant au début de la

IIIᵉ République », *Revue française de sociologie*, XIV-4, 1973.

LELIÈVRE C., *Histoire des institutions scolaires (1789-1989)*, Nathan, Paris, 1990.

LELIÈVRE F. et C., *Histoire de la scolarisation des filles*, Nathan, Paris, 1991.

LESOURNE J., *Éducation et société, les défis de l'an 2000*, La Découverte, *Le Monde de l'Éducation*, 1988.

LÉON A., *Histoire de l'enseignement en France*, PUF, coll. « Que sais-je ? », Paris, 1967.

MAYEUR F., *L'Éducation des filles en France au XIXᵉ siècle*, Hachette, Paris, 1979.

MINOT J., *Deux Siècles d'histoire de l'éducation nationale*, ministère de l'Éducation nationale, CNDP, Paris, 1986.

ŒUVRARD F., « Le collège unique. Les options en classe de quatrième », *Données sociales*, INSEE, Paris, 1984.

PEANO S., « Dépenses et décisions dans le système éducatif », dans *La Société française, Données sociales*, INSEE, Paris, 1993.

PONTEIL F., *Histoire de l'enseignement 1889-1965*, Sirey, Paris, 1966.

PROST A., *Histoire de l'enseignement en France 1800-1967*, Armand Colin, Paris, 1968.

PROST A., *Éloge des pédagogues*, Le Seuil, Paris, 1986.

PROST A., *L'Enseignement s'est-il démocratisé ?*, PUF, Paris, 1986.

PROST A., *Éducation, société et politiques*, Le Seuil, Paris, 1992.

RAYNAUD P., THIBAUD P., *La Fin de l'école républicaine*, Calmann-Lévy, Paris, 1990.

RÉMOND R., *Une formation pour tous. Rapport pour le Xᵉ Plan*, La Documentation française, Paris, 1990.

SAINT-MARTIN M. DE, *Les Fonctions sociales de l'enseignement scientifique*, Mouton, École pratique des hautes études, Paris, 1971.

« Le système éducatif », *Cahiers français*, n° 249, La Documentation française, Paris, 1991.

Le personnel enseignant

BERGER I., *Les Instituteurs d'une génération à l'autre*, PUF, Paris, 1979.

CHAPOULIE J.-M., *Les Professeurs de l'enseignement secondaire, un métier de classe moyenne*, Éd. Maison des sciences de l'homme, Paris, 1987.

« Les enseignants », *Avenirs*, nᵒˢ 421-422, MEN, Paris, 1991.

ONISEP, Infosup, nᵒˢ 133-134, MEN, Paris, février 1992.

École maternelle

BEST F., DAVID M., FAVRET J.-M., *Naissance d'une autre école*, La Découverte, Paris, 1984.

BINET A., *Les Idées modernes sur les enfants*, Flammarion, Paris, 1909.

GEDREM, *Échec et maternelle : avant six ans déjà la sélection*, Syros, Paris, 1980.

« La maternelle », *Regards sur l'actualité*, n° 138, La Documentation française, Paris, 1988.

VAN ZANTEN A., *L'école de la périphérie*, PUF, Paris, 2001.

L'école primaire

BEAUNE D. et D., *Ils ont du mal à lire*, Fleurus, Paris, 1987.

CAILLET J.-P., VALLET L.-A., « Les élèves étrangers ou issus de l'immigration dans l'école française », *Les dossiers de l'éducation et formation*, n° 67, 1996.

COHEN R., GILABERT H., *Découverte et apprentissage du langage écrit avant six ans*, PUF, Paris, 1986.

DURU-BELLAT M., *Les Inégalités sociales à l'école. Genèse et mythes*, PUF, Paris, 2003.

DURAND-PRINBORGNE C., *L'Égalité scolaire par le cœur et par la raison*, Fernand Nathan, Paris, 1988.

HERAN F., « L'aide au travail scolaire : les mères persévèrent », INSEE, n° 350, 1994.

KHEROUBI M., « Enjeux et Débats sur la polyvalence à l'école élémentaire », *in* ROBERT A. (dir.), *Les contenus d'enseignements, histoire et actualité*, CRDP de Bretagne, 2000.

LAHIRE B., *Tableaux des familles. Heurs et malheurs scolaires dans les milieux populaires*, Gallimard-Le Seuil, Paris, 1995.

MERLE P., *La Démocratisation de l'enseignement*, La Découverte, coll. « Repères », 2003.

MUEL-DREYFUS F., « Les instituteurs, les paysans et l'ordre républicain », *Actes de la recherche en sciences sociales*, nos 17-18, 1977.

SINGLY (DE) F., « La mobilisation familiale pour le capital scolaire », dans DUBET F., *École, familles : le malentendu*, Textuel, Paris, 1997.

SIROTA R., *L'École primaire au quotidien*, PUF, Paris, 1988.

Les collèges

DEMAILLY L., *Le Collège. Crises, mythes et métier*, Presses universitaires de Lille, 1991.

DEROUET J.-L., « Désaccords et arrangements dans les collèges (1981-1986) », *Revue française de pédagogie*, n° 83, 1988.

DUBET F. et DURU-BELLAT M., *L'Hypocrisie scolaire. Pour un collège démocratique*, Seuil, Paris, 2000.

ISAMBERT-JAMATI V., « École et collège : quelle distance aujourd'hui entre les enseignants », *L'Orientation scolaire et professionnelle*, n° 15, 1986.

LEGRAND L., « Pour un collège démocratique », *La Documentation française*, 1983.

Les lycées

BARRÈRE A., *Les Lycéens au travail*, PUF, Paris, 1997.

ESQUIEU P., « Le progrès de la scolarisation : allongement des études et accès croissant au lycée », *Éducation et formation*, avril-juin 1989.

ISAMBERT-JAMATI V., *Les Savoirs scolaires*, Éd. universitaires, 1990.

ISAMBERT-JAMATI V., « Une réforme des lycées et collèges. Essai d'analyse sociologique de la réforme de 1902 », *L'Année sociologique*, vol. 20, 1969.

PROST A., « Les enjeux sociaux du français : l'enseignement secondaire », *Le Français aujourd'hui*, n° 60, 1992.

PROST A., *Les Lycées et leurs études au seuil du XXIe siècle*, Rapport, *La Documentation française*, Paris, 1983.

« Propositions pour l'enseignement de l'avenir ». Élaborées à la demande de Monsieur le Président de la République par les professeurs du Collège de France, Collège de France, Paris, 1985.

VASCONCELLOS M., « Les lycées : évolutions et réformes », *Cahiers français*, Le Système éducatif, n° 285, 1998.

L'enseignement professionnel

AGULHON C., *L'enseignement professionnel. Quel avenir pour les jeunes ?*, Paris, Éditions de l'Atelier, 1994.

ASKOUNI N. et VAN ZANTEN A., « L'école et la transmission des savoirs et des attitudes face au travail et aux entreprises », in *Les jeunes et l'emploi*, Paris, La Documentation française, 1998.

BAUDELOT C. *et al.*, *Formes de socialisation de la jeunesse populaire et métis professionnelle*, rapport LERSCO, université de Nantes, 1988.

CHARLOT B. et FIGEAT M., *Histoire de la formation des ouvriers 1789-1984*, Éd. Minerve, Paris, 1985.

CHASTAND A., LEMAIRE S., « L'apprentissage entre tradition et renouveau », dans *La Société française, Données Sociales*, INSEE, 1996.

GEAY A., *De l'entreprise à l'école : la formation des apprentis*, Éd. universitaires, UNMFREO, Paris, 1985.

GRIGNON Cl., *L'Ordre des choses. Les fonctions sociales de l'enseignement technique*, Éd. de Minuit, Paris, 1971.

GUILLON R., « Enseignement et organisation du travail du XIXe siècle à nos jours », dossier n° 21, CEREQ, *La Documentation française*, Paris, 1979.

LÉON A., *La Révolution française et l'éducation technique*, CNRS, Paris, 1968.

LEGOUX Y., *Du compagnon au technicien : l'école Diderot et l'évolution des qualifications*, Techniques et vulgarisation, 1972.

MONACO A., *L'alternance école-production*, PUF, Paris, 1993.

ŒUVRARD F., « L'orientation en lycée professionnel : du choix positif à l'acceptation resignée », *Données sociales*, INSEE, 1990.

SHINN T., *Savoir scientifique et pouvoir social. L'École polytechnique (1794-1914)*, Presses de la Fondation nationale des sciences politiques, 1980.

TANGUY L., *L'Enseignement professionnel en France. Des ouvriers aux techniciens*, PUF, Paris, 1991.

VASCONCELLOS M., *Formation et identités professionnelles*, Plan construction et architecture, coll. « Recherche », 1990.

VASCONCELLOS M.-D., « L'éducation, la formation et la dynamique de l'emploi », *Revue française de pédagogie*, n° 144, INRP, Paris, 2003.

L'enseignement supérieur

AMIOT M., FRICKEY A., *À quoi sert l'Université ?*, Presses universitaires de Grenoble, 1975.

BAUDELOT C., BENOLIEL R., CUKROWICZ H., ESTABLET R., *Les Étudiants, l'emploi, la crise*, Maspero, « Petite collection Maspero », Paris, 1981.

BAUDELOT C., GLAUDE M., « Les diplômes paient-ils de moins en moins ? », *Données sociales*, INSEE, Paris, 1990.

BAUDELOT C., GOLLAC M., « Le salaire du trentenaire : question d'âge ou de génération », *Économie et statistique*, n° 304-305, 1997.

BOURDIEU P., *L'Homo academicus*, Éd. de Minuit, Paris, 1984.

CHARLE C., *La république des universitaires 1870-1940*, Seuil, Paris, 1994.

Comité national d'évaluation, *Où va l'Université ?*, Gallimard, Paris, 1987.

CUKROWICZ H., *Université et emploi*, Presses universitaires de Lille, 1980.

« L'Université est-elle réformable ? », *Le Débat*, n° 45, 1987.

DEBIZET J., « La scolarité après 16 ans », *Données sociales*, INSEE, 1990.

DROUARD A., *Processus de changement et mouvement de réforme dans l'enseignement supérieur français*, Éd. du CNRS, Paris, 1978.

DUBOIS P., « Les stratégies de l'offre de formation », *Formation-Emploi*, n° 58, CEREQ, 1997.

FRIEDBERG E., MUSSELIN C., *En quête d'universités*, L'Harmattan, Paris, 1989.

MUSSELIN C., *La Longue Marche des universités françaises*, PUF, Paris, 2001.

PROST A., *L'École et la famille dans une société en mutation (1930-1980). L'enseignement et l'éducation en France*, tome IV, Nouvelle Librairie de France, Paris, 1981.

REYNAUD J.-D., GRAFMEYER Y. (eds), *Français, qui êtes-vous ?*, La Documentation française, Paris, 1981.

VASCONCELLOS M., « L'implication éducative dans la formation des techniciens. Les BTS et DUT », dans *Encadrement de chantier : rénovation et enjeu*, Plan construction et architecture, MELTM, juillet 1993.

VERGER J. (sous la dir. de), *Histoire des universités en France*, Privat, Toulouse, 1986.

VERRET M., *Le Temps des études*, thèse, reproduction Librairie Honoré Champion, Paris, 1975.

L'enseignement privé

BALLION R., « L'enseignement privé, une école sur mesure », *Revue française de sociologie*, n° 2, 1980.

BONVIN F., « Une seconde famille. Un collège d'enseignement privé », *Actes de la recherche en sciences sociales*, n° 30, 1979.

BONVIN F., « L'école catholique est-elle encore religieuse ? » *Actes de la recherche en sciences sociales*, n°s 44/45, 1982.

LANGOUET G., LÉGER A., *Le Choix des familles. École publique ou école privée ?*, édition Fabert, Paris, 1997.

PROST A., « D'hier à aujourd'hui Enseignement et liberté. Dossier et arguments sur l'école catholique », *Cahiers de l'actualité religieuse et sociale*, n°s 241-242, 15 février-1er mars 1982.

La formation continue

BESNARD P., LIETARD B., *La Formation continue*, PUF, coll. « Que sais-je ? », Paris, 1976, rééd. 1991.

DEP, *L'État de l'école*, ministère de l'Éducation nationale, Paris, 1992.

DUBAR C., *La Formation continue*, La Découverte, coll. « Repères », Paris, 1992.

GEHIN J.-P., VERDIER E., *La Formation professionnelle : de la « seconde chance » à la restructuration*, Données sociales, INSEE, Paris, 1990.

L'orientation scolaire

BALLION R., *Les Consommateurs d'école*, Stock, Paris, 1982.

BROCCOLICHI S., ŒUVRARD F., « L'engrenage », dans BOURDIEU P. (sous la dir. de), *La Misère du Monde*, Le Seuil, Paris, 1993.

BERTHELOT J.-M., « De la terminale aux études post-bac », *Revue française de pédagogie*, n° 81, 1987.

CACOUAULT M., ŒUVRARD F., *Sociologie de l'éducation*, La Découverte, coll. « Repères », Paris, 1995.

CHARLOT B., ROCHEX J.-Y., « L'enfant-élève : dynamiques familiales et expérience scolaire — lien social et politique », *RIAC*, 35, 1996.

CAROFF A., *L'Organisation de l'orientation des jeunes en France*, EAP, 1987.

COUSIN O., GUILLEMET J.-P., « Variations des performances scolaires et effet d'établissement », *Éducation et Formations*, n° 31, 1993.

COULON A., *Le Métier d'étudiant*, PUF, Paris, 1997.

DUBET F., MARTICELLI D., *À l'école*, Le Seuil, Paris, 1997.

DURU-BELLAT M., *Le Fonctionnement de l'orientation*, Delachaux et Niestlé, 1988.

KELLERHALS J., MONTANDON C., *Les Sratégies éducatives des familles*, Delachaux et Niestlé, 1991.

LATREILLE G., *La Naissance des métiers en France (1950-1975)*, Presses universitaires de Lyon, Éd. de la MSH, 1980.

MARUANI M., REYNAUD E., *Sociologie de l'emploi*, La Découverte, coll. « Repères », Paris, 1998.

MERLE P., *L'Évaluation des élèves*, PUF, Paris, 1996.

MERLE P., *Sociologie de l'évaluation scolaire*, PUF, coll. « Que sais-je », Paris, 1998.

MOLLOT-BOUVIER S., *La Sélection implicite à l'école*, PUF, Paris, 1986.

MOSCONI N., « Des rapports entre la division sexuelle du travail et les inégalités des chances entre les sexes à l'école »,

Revue française de pédagogie, n° 63, 1983.

NAVILLE P., *Théorie de l'orientation professionnelle*, Gallimard, Paris, 1945.

ŒUVRARD F., « Démocratisation ou élimination différée ? », *Actes de la recherche en sciences sociales*, n° 30, 1979.

ŒUVRARD F., « Une classe indifférenciée du collège unique : la quatrième », *Éducation et formation*, n° 4, 1983.

PERRENOUD Ph., *Métier d'élève et sens du travail scolaire*, ESF, 1994.

PROST A., « L'échec scolaire : usage social et usage scolaire de l'orientation », dans *L'Échec scolaire*, sous la dir. de É. Plaisance, Éd. du CNRS, Paris, 1985.

RAYOU P., *La Grande École. Approche sociologique des compétences infantiles*, PUF, Paris, 1999.

ROCHEX J.-Y., *Le Sens de l'expérience scolaire*, PUF, Paris, 1995.

SIROTA R., « Le métier d'élève », *Revue française de pédagogie*, INRP, 1993.

TANGUY L., *Quelles formations pour les ouvriers et les employés en France ?*, La Documentation française, Paris, 1991.

VASCONCELLOS M., « L'évolution du système éducatif depuis 1945 », in *École : état des savoirs*, sous la dir. Van Zanten A., La Découverte, Paris, 2000.

L'insertion professionnelle

BALAZS G., « Cinq ans après une inscription au chômage », *Cahiers du CEE*, n° 26, 1983.

BAUDELOT C., GOLLAC M., « Le salaire du trentenaire : question d'âge ou de génération », *Économie et statistique*, n° 304-305, 1997.

CASELLA P., TRIPIER P., « Métier, qualification et réussite dans l'artisanat », in *À partir du chantier*, Plan Construction, 1985.

FAGUER J.-P., « L'embauche des jeunes en période de chômage », *Cahiers du CEE*, n° 26, 1983.

MARRY C., « Origine sociale et réseaux d'insertion des jeunes ouvriers », *Formation-Emploi*, n° 2, 1983.

MEHAUT P. *et al.*, *La Transition professionnelle. Jeunes de 16 à 18 ans et stages d'insertion sociale et professionnelle*, L'Harmattan, Paris, 1987.

MERLLIE D. et PRÉVOT J., *La Mobilité sociale*, La Découverte, coll. « Repères », Paris, 1991.

NICOLE-DRANCOURT C., *Le Labyrinthe de l'insertion*, La Documentation française, Paris, 1991.

PAUL J.-J., *La Relation formation-emploi. Un défi pour l'économie*, Economica, Paris, 1989.

REYNAUD J.-D., « Qualification et marché du travail », *Sociologie du travail*, 1/1987.

ROLLE P., TRIPIER P., *Le Mouvement des qualifications*, rapport ronéo, Cordes, 1980.

ROSE J., *En quête de l'emploi*, Economica, Paris, 1984.

SCHWARTZ B., « L'insertion professionnelle et sociale des jeunes, rapport au Premier ministre », *La Documentation française*, Paris, 1981.

TANGUY L. (dir.), *L'Introuvable Relation formation et emploi*, La Documentation française, Paris, 1986.

VASCONCELLOS M., *Transformations technologiques et formation de personnels d'encadrement dans le transport routier de marchandises. Analyse comparative France, Espagne, Portugal*, IFEF, université Paris-VIII, 1991.

VASCONCELLOS M.-D., « L'éducation, la formation et la dynamique sociale de l'emploi », *Revue française de pédagogie*, n° 144, INRP, Paris, 2003.

VRAIN P., « Les débouchés professionnels des étudiants », *Cahiers du CEE*, n° 3, PUF, 1973.

L'échec scolaire

AVANZINI G., *L'Échec scolaire*, Éd. universitaires, Paris, 1967.

BOUVEAU P., ROCHEX J.-Y., *Les ZEP entre école et société*, CNDP, Hachette, 1997.

CHAMBON A. et PROUX M., « Zones d'éducation prioritaires : un changement social en éducation ? », *Revue française de pédagogie*, n° 83, 1988.

ISAMBERT-JAMATI V., « Quelques rappels de l'émergence de l'échec scolaire comme problème social », in *L'Échec scolaire*, op. cit.

PEIGNARD E., HENRIOT VAN ZANTEN A., « Les zones d'éducation prioritaire », *Cahiers français*, Le Système éducatif, n° 285, 1998.

PLAISANCE É. (dir.), *L'Échec scolaire. Nouveaux débats, nouvelles approches*, Éd. CNRS, Paris, 1985.

PRECHEUR J.-C., « Les déterminants de la réussite et de l'orientation du niveau du baccalauréat », *L'Orientation scolaire et professionnelle*, n° 2, 1987.

ROSENTHAL R.-A., JACOBSON L., *Pygmalion à l'école. L'attente du maître et le développement intellectuel des élèves*, 1968, New York (EUA), traduction, Casterman, Paris, 1971.

ZIMMERMAN D., « Un langage non verbal en classe », *Revue française de pédagogie*, n° 44, 1978.

Les politiques éducatives locales

BOUVEAU P., ROCHEX J.-Y., *Les ZEP entre école et société*, CNDP, Hachette, 1997.

BRIAND J.-P., CHAPOULIE J.-M., « L'institution scolaire et la scolarisation : une perspective d'ensemble », *Revue française de sociologie*, XXXIV-1, 1993.

CHARLOT B. (dir.), *L'École et le territoire : nouveaux espaces et nouveaux enjeux*, A. Colin, Paris, 1993.

Éducation et formation, dossier spécial, n° 16, sept. 1992.

FORQUIN J.-C., « La sociologie des inégalités d'éducation : principales orientations, principaux résultats depuis 1965 », *Revue française de pédagogie*, n° 48, 1979, n° 49, 1979, n° 51, 1980.

FORQUIN J.-C., « L'approche sociologique de la réussite et de l'échec scolaires : inégalités de réussite scolaire et appartenance sociale », *Revue française de pédagogie*, n° 52, 1982, n° 60, 1982.

FORQUIN J.-C., « La « nouvelle sociologie de l'éducation » en Grande-Bretagne : orientation, apports théoriques, évolution (1970-1980) », *Revue française de pédagogie*, n° 63, 1983.

HENRIOT VAN ZANTEN A., *L'École et l'espace local. Les enjeux des zones d'éducation prioritaires*, Presses universitaires de Lyon, 1990.

ISAMBERT-JAMATI V., « Les choix éducatifs dans les zones d'éducation prioritaires », *Revue française de sociologie*, n° 1, 1990.

PEIGNARD E., HENRIOT VAN ZANTEN A., « Les zones d'éducation prioritaire », *Cahiers français*, Le Système éducatif, n° 285, 1998.

PLAISANCE É., *La Politique des zones d'éducation prioritaires et sa réalisation*, rapport MEN, Paris, 1988.

VAN ZANTEN A., *L'école de la périphérie. Scolarité et ségrégation en banlieue*, PUF, Paris, 2001.

Ordre scolaire

BARRÈRE A., MARTUCELLI D., « La citoyenneté à l'école : vers la définition d'une problématique sociologique », *Revue française de sociologie*, 34-4, oct.-déc. 1998.

DEBARBIEUX E., « La violence à l'école », in *École : état de savoirs*, sous dir. Van Zanten A., La Découverte, Paris, 2000.

GUIGUE M. *et al.*, « Le décrochage scolaire », in *Les Lycéens décrocheurs*, Chronique sociale, Lyon, 1998.

LE BART C., MERLE P., *La Citoyenneté étudiante. Intégration, participation, mobilisation*, PUF, Paris, 1997.

MERLE P., « Les droits des élèves », *Revue française de sociologie*, 42-1, janv.-mars 2001.

PERCHERON A., *L'Univers politique des enfants*, Armand Colin, Paris, 1974.

PITTS J.-R., « Les Français et l'Autorité : la vision d'un Américain », in *Français, qui êtes-vous ?*, sous la dir. REYNAUD J.-D., GRAFNEYER Y., La Documentation française, 1981.

RAYOU P., *La Cité des lycéens*, L'Harmattan, Paris, 1998.

RAYOU P., « La citoyenneté lycéenne et étudiante », in *École : état de savoirs*, sous la dir. Van Zanten A., La Découverte, Paris, 2000.

REYNAUD J.-D., *La Règle du jeu*, Armand Colin, Paris, 1999.

TESTONIÈRE J., « Chahut traditionnel et chahut anomique dans l'enseignement du second degré », *Revue française de sociologie*, 8, numéro spécial, 1969.

VAN ZANTEN A., « Massification et régulation du système d'enseignement. Adaptations et ajustements en milieu urbain défavorisé », *Année sociologique*, Paris, 50-2, 2001.

Table

Introduction 3

I / L'héritage du passé 4
  1. L'Ancien Régime 4
    Les universités, 5. – *Les collèges*, 5. – *La formation de*
    techniciens et d'ingénieurs, 6.
  2. De la Révolution à Jules Ferry 7
    L'Université, 7. – *L'enseignement secondaire*, 8. –
    L'école élémentaire, 8. – *Primaire et secondaire :*
    deux réseaux parallèles, 10.
  3. L'école contemporaine 12
  Encadré : La mixité scolaire, 14
  Encadré : L'enseignement privé, 15

II / Les moyens : administration, personnels et budget ... 17
  1. Structures administratives 17
  2. Les personnels de l'Éducation nationale 19
    Les enseignants du premier degré, 19. – *Le second*
    degré, 22. – *L'enseignement supérieur*, 24. – *Autres*
    enseignants, 26. – *Les professeurs de l'enseignement*
    privé, 26. – *Les personnels non enseignants*, 28.
  3. Le budget de l'enseignement public 29
    Le financement des dépenses d'éducation, 29. – *Coûts*
    moyens des diverses scolarités, 32.

III / L'enseignement élémentaire 33
  1. L'enseignement préscolaire : la maternelle 33
    Les origines, 33. – *Le développement de la préscolari-*
    sation, 34. – *L'organisation de l'enseignement pré-*
    scolaire, 35.

   2. L'école primaire 36
   Des parcours scolaires différenciés, 37. – *Les transformations des rythmes d'apprentissage*, 38. – *L'école, facteur d'intégration*, 40.

IV / Enseignement secondaire 42
   1. Le collège 42
   Le collège unique : une création récente, 42. – *La rénovation des collèges*, 44. – *L'évolution de la scolarisation au collège*, 46. – *L'orientation scolaire au collège*, 46. – *L'enseignement spécialisé*, 47.
   2. Les lycées : continuités et concurrences 48
   Évolutions et réformes, 48. – *Les lycées et leurs publics*, 50. – *L'organisation des études*, 52. – *Une véritable institution : le baccalauréat*, 55.
   3. L'enseignement professionnel : une dualité
      d'institutions 56
   Évolution historique, 57. – *Le public des formations professionnelles*, 59. – *L'origine sociale et scolaire des jeunes en LP et en CFA*, 60. – *L'organisation des études*, 62. – *Un enseignement en alternance*, 63.

V / L'enseignement supérieur 65
   1. Les caractéristiques de l'enseignement supérieur 66
   2. Les classes préparatoires 67
   3. Les transformations dans la composition sociale
      des étudiants 68
   4. La réforme des structures universitaires 73
   Encadré : Les étudiants étrangers, 74
   5. La professionnalisation des études 76
   Encadré : La formation continue dans le système
      éducatif, 78

VI / Enjeux et débats 80
   1. L'orientation : la sélection et le niveau 80
   L'enjeu social de l'orientation, 80. – *L'institutionnalisation de l'orientation*, 81. – *Les étapes de l'orientation*, 83. – *Les facteurs déterminants de l'orientation*, 84.
   Encadré : Les parents d'élèves, 86
   2. L'insertion professionnelle 87
   Les enquêtes sur l'insertion, 87. – *Les apports de ces études*, 88. – *Diplômes et emploi*, 89.

3. L'échec scolaire 91
   Les significations de l'échec scolaire, 91. – *Les
   constats statistiques*, 92. – *Analyses et explications*,
   93.
4. Les politiques éducatives locales 95
   Les zones d'éducation prioritaires, 96. – *Les relations
   entre le « local » et le « national »*, 97. – *Les enjeux du
   « local » dans les politiques éducatives*, 98.
5. L'ordre scolaire 99
   Les apprentissages des organisations scolaires, 100.
   – *Participation et intégration dans les institutions
   d'enseignement*, 102.

Conclusion 105

Chronologie 106

Table des sigles 111

Repères bibliographiques 114

Collection

R E P È R E S

dirigée par
JEAN-PAUL PIRIOU

avec BERNARD COLASSE, PASCAL
COMBEMALE, FRANÇOISE DREYFUS,
HERVÉ HAMON, DOMINIQUE MERLLIÉ,
CHRISTOPHE PROCHASSON
et MICHEL RAINELLI

Affaire Dreyfus (L'), n° 141,
Vincent Duclert.
Aménagement du territoire (L'), n° 176,
Nicole de Montricher.
Analyse financière de l'entreprise (L'),
n° 153, Bernard Colasse.
Archives (Les), n° 324,
Sophie Cœuré et Vincent Duclert.
Argumentation dans la communication
(L'), n° 204, Philippe Breton.
Audit (L'), n° 383, Stéphanie
Thierry-Dubuisson.
Balance des paiements (La), n° 359, Marc
Raffinot, Baptiste Venet.
Bibliothèques (Les),
n° 247, Anne-Marie Bertrand.
Bourse (La), n° 317,
Daniel Goyeau et Amine Tarazi.
Budget de l'État (Le), n° 33,
Maurice Baslé.
Calcul des coûts dans les organisations
(Le), n° 181, Pierre Mévellec.
Calcul économique (Le),
n° 89, Bernard Walliser.
Capitalisme financier (Le), n° 356,
Laurent Batsch.
Capitalisme historique (Le),
n° 29, Immanuel Wallerstein.
Catégories socioprofessionnelles (Les),
n° 62, Alain Desrosières
et Laurent Thévenot.
Catholiques en France depuis 1815 (Les),
n° 219, Denis Pelletier.
Chômage (Le), n° 22, Jacques Freyssinet.
Chronologie de la France au XXe siècle,
n° 286, Catherine Fhima.
Collectivités locales (Les),
n° 242, Jacques Hardy.
Commerce international (Le),
n° 65, Michel Rainelli.
Comptabilité anglo-saxonne (La), n° 201,
Peter Walton.
Comptabilité en perspective (La), n° 119,
Michel Capron.
Comptabilité nationale (La),
n° 57, Jean-Paul Piriou.
Concurrence imparfaite (La),
n° 146, Jean Gabszewicz.

Conditions de travail (Les), n° 301,
Michel Gollac et Serge Volkoff.
Consommation des Français (La) :
1. n° 279 ; **2.** n° 280,
Nicolas Herpin et Daniel Verger.
Constitutions françaises (Les), n° 184,
Olivier Le Cour Grandmaison.
Construction européenne (La), n° 326,
Guillaume Courty et Guillaume Devin.
Contrôle budgétaire (Le),
n° 340, Nicolas Berland.
Contrôle de gestion (Le), n° 227,
Alain Burlaud, Claude J. Simon.
Coût du travail et emploi,
n° 241, Jérôme Gautié.
Critique de l'organisation du travail,
n° 270, Thomas Coutrot.
Culture de masse en France (La) :
1. 1860-1930, n° 323, Dominique Kalifa.
Démocratisation de l'enseignement (La),
n° 345, Pierre Merle.
Démographie (La), n° 105, Jacques Vallin.
Développement économique de l'Asie
orientale (Le), n° 172, Éric Bouteiller
et Michel Fouquin.
DOM-TOM (Les), n° 151, Gérard Belorgey
et Geneviève Bertrand.
Droits de l'homme (Les),
n° 333, Danièle Lochak.
Droit du travail (Le),
n° 230, Michèle Bonnechère.
Droit international humanitaire (Le),
n° 196, Patricia Buirette.
Droit pénal, n° 225, Cécile Barberger.
Économie bancaire,
n° 268, Laurence Scialom.
Économie britannique depuis 1945 (L'),
n° 111, Véronique Riches.
Économie chinoise (L'), n° 378,
Françoise Lemoine.
Économie de l'Afrique (L'),
n° 117, Philippe Hugon.
Économie de l'environnement, n° 252,
Pierre Bontems et Gilles Rotillon.
Économie de l'euro,
n° 336, Agnès Benassy-Quéré
et Benoît Cœuré.
Économie française 2003 (L'),
n° 357, OFCE.
Économie de l'innovation,
n° 259, Dominique Guellec.
Économie de la connaissance (L'), n° 302,
Dominique Foray.
Économie de la culture (L'),
n° 192, Françoise Benhamou.
Économie de la distribution, n° 372,
Marie-Laure Allain et Claire Chambolle.
Économie de la drogue (L'),
n° 213, Pierre Kopp.

Économie de la presse,
n° 283, Patrick Le Floch
et Nathalie Sonnac.
Économie de la propriété intellectuelle,
n° 375, François Lévêque et Yan Ménière.
Économie de la réglementation (L'),
n° 238, François Lévêque.
Économie de la RFA (L'),
n° 77, Magali Demotes-Mainard.
Économie des États-Unis (L'),
n° 341, Hélène Baudchon et
Monique Fouet.
Économie des fusions et acquisitions,
n° 362, Nathalie Coutinet et Dominique
Sagot-Duvauroux.
Économie des inégalités (L'),
n° 216, Thomas Piketty.
Économie des logiciels, n° 381, François
Horn.
Économie des organisations (L'),
n° 86, Claude Menard.
**Économie des relations interentreprises
(L')**, n° 165, Bernard Baudry.
Économie des réseaux,
n° 293, Nicolas Curien.
Économie des ressources humaines,
n° 271, François Stankiewicz.
Économie du droit, n° 261, Thierry Kirat.
Économie du Japon (L'),
n° 235, Évelyne Dourille-Feer.
Économie du sport (L'),
n° 309, Jean-François Bourg
et Jean-Jacques Gouguet.
Économie et écologie, n° 158,
Frank-Dominique Vivien.
Économie marxiste du capitalisme, n° 349,
Gérard Duménil et Dominique Lévy.
Économie mondiale 2004 (L'),
n° 371, CEPII.
Économie politique internationale, n° 367,
Christian Chavagneux.
Économie sociale (L'),
n° 148, Claude Vienney.
Emploi en France (L'),
n° 68, Dominique Gambier
et Michel Vernières.
Employés (Les), n° 142, Alain Chenu.
Ergonomie (L'), n° 43,
Maurice de Montmollin.
Éthique dans les entreprises (L'), n° 263,
Samuel Mercier.
Éthique économique et sociale,
n° 300, Christian Arnsperger
et Philippe Van Parijs.
Étudiants (Les), n° 195, Olivier Galland
et Marco Oberti.
Évaluation des politiques publiques (L'),
n° 329, Bernard Perret.
FMI (Le), n° 133, Patrick Lenain.
Fonction publique (La), n° 189,
Luc Rouban.

Formation professionnelle continue (La),
n° 28, Claude Dubar.
France face à la mondialisation (La),
n° 248, Anton Brender.
Front populaire (Le), n° 342,
Frédéric Monier.
Gestion financière des entreprises (La),
n° 183, Christian Pierrat.
Gouvernance de l'entreprise (La), n° 358,
Roland Perez.
Grandes économies européennes (Les),
n° 256, Jacques Mazier.
Guerre froide (La), n° 351,
Stanislas Jeannesson.
Histoire de l'administration,
n° 177, Yves Thomas.
Histoire de l'Algérie coloniale, 1830-1954,
n° 102, Benjamin Stora.
**Histoire de l'Algérie depuis
l'indépendance.
1. 1962-1988**, n° 316, Benjamin Stora.
Histoire de l'Europe monétaire,
n° 250, Jean-Pierre Patat.
Histoire du féminisme,
n° 338, Michèle Riot-Sarcey.
Histoire de l'immigration, n° 327,
Marie-Claude Blanc-Chaléard.
Histoire de l'URSS, n° 150, Sabine Dullin.
**Histoire de la guerre d'Algérie,
1954-1962**, n° 115, Benjamin Stora.
Histoire de la philosophie,
n° 95, Christian Ruby.
Histoire de la société de l'information,
n° 312, Armand Mattelart.
**Histoire de la sociologie :
1. Avant 1918**, n° 109,
2. Depuis 1918, n° 110,
Charles-Henry Cuin et François Gresle.
Histoire des États-Unis depuis 1945 (L'),
n° 104, Jacques Portes.
**Histoire des idées politiques en France au
XIXᵉ siècle**, n° 243, Jérôme Grondeux.
Histoire des idées socialistes,
n° 223, Noëlline Castagnez.
Histoire des théories de l'argumentation,
n° 292, Philippe Breton et Gilles Gauthier.
**Histoire des théories de la
communication**, n° 174,
Armand et Michèle Mattelart.
**Histoire du Maroc depuis
l'indépendance**, n° 346, Pierre Vermeren.
Histoire du Parti communiste français,
n° 269, Yves Santamaria.
Histoire du parti socialiste,
n° 222, Jacques Kergoat.
Histoire du radicalisme,
n° 139, Gérard Baal.
Histoire du travail des femmes,
n° 284, Françoise Battagliola.
Histoire politique de la IIIᵉ République,
n° 272, Gilles Candar.

Histoire politique de la IVᵉ République, nº 299, Éric Duhamel.

Histoire sociale du cinéma français, nº 305, Yann Darré.

Incertitude dans les théories économiques, nº 379, Nathalie Moureau et Dorothée Rivaud-Danset.

Industrie française (L'), nº 85, Michel Husson et Norbert Holcblat.

Inflation et désinflation, nº 48, Pierre Bezbakh.

Insécurité en France (L'), nº 353, Philippe Robert.

Introduction à Keynes, nº 258, Pascal Combemale.

Introduction à l'économie de Marx, nº 114, Pierre Salama et Tran Hai Hac.

Introduction à l'histoire de la France au xxᵉ **siècle**, nº 285, Christophe Prochasson.

Introduction à la comptabilité d'entreprise, nº 191, Michel Capron et Michèle Lacombe-Saboly.

Introduction à la macroéconomie, nº 344, Anne Épaulard et Aude Pommeret.

Introduction à la microéconomie, nº 106, Gilles Rotillon.

Introduction à la philosophie politique, nº 197, Christian Ruby.

Introduction au droit, nº 156, Michèle Bonnechère.

Introduction aux *Cultural Studies*, nº 363, Armand Mattelart et Érik Neveu.

Introduction aux sciences de la communication, nº 245, Daniel Bougnoux.

Introduction aux théories économiques, nº 262, Françoise Dubœuf.

Islam (L'), nº 82, Anne-Marie Delcambre.

Jeunes (Les), nº 27, Olivier Galland.

Jeunes et l'emploi (Les), nº 365, Florence Lefresne.

Judaïsme (Le), nº 203, Régine Azria.

Lexique de sciences économiques et sociales, nº 202, Jean-Paul Piriou.

Libéralisme de Hayek (Le), nº 310, Gilles Dostaler.

Macroéconomie. Investissement (L'), nº 278, Patrick Villieu.

Macroéconomie. Consommation et épargne, nº 215, Patrick Villieu.

Macroéconomie financière :
1. **Finance, croissance et cycles**, nº 307,
2. **Crises financières et régulation monétaire**, nº 308, Michel Aglietta.

Management de projet (Le), nº 377, Gilles Garel.

Management de la qualité (Le), nº 315, Michel Weill.

Management international (Le), nº 237, Isabelle Huault.

Marchés du travail en Europe (Les), nº 291, IRES.

Mathématiques des modèles dynamiques, nº 325, Sophie Jallais.

Médias en France (Les), nº 374, Jean-Marie Charon.

Méthode en sociologie (La), nº 194, Jean-Claude Combessie.

Méthodes de l'intervention psychosociologique, nº 347, Gérard Mendel et Jean-Luc Prades.

Méthodes en sociologie (Les) : l'observation, nº 234, Henri Peretz.

Métiers de l'hôpital (Les), nº 218, Christian Chevandier.

Microéconomie des marchés du travail, nº 354, Pierre Cahuc, André Zylberberg.

Mobilité sociale (La), nº 99, Dominique Merllié et Jean Prévot.

Modèles productifs (Les), nº 298, Robert Boyer et Michel Freyssenet.

Modernisation des entreprises (La), nº 152, Danièle Linhart.

Mondialisation de la culture (La), nº 260, Jean-Pierre Warnier.

Mondialisation de l'économie (La) :
1. **Genèse**, nº 198,
2. **Problèmes**, nº 199, Jacques Adda.

Mondialisation et l'emploi (La), nº 343, Jean-Marie Cardebat.

Monnaie et ses mécanismes (La), nº 295, Dominique Plihon.

Multinationales globales (Les), nº 187, Wladimir Andreff.

Notion de culture dans les sciences sociales (La), nº 205, Denys Cuche.

Nouveau capitalisme (Le), nº 370, Dominique Plihon.

Nouvelle constitution européenne (La), nº 380, Jacques Ziller.

Nouvelle économie (La), nº 303, Patrick Artus.

Nouvelle économie chinoise (La), nº 144, Françoise Lemoine.

Nouvelle histoire économique de la France contemporaine :
1. **L'économie préindustrielle (1750-1840)**, nº 125, Jean-Pierre Daviet.
2. **L'industrialisation (1830-1914)**, nº 78, Patrick Verley.
3. **L'économie libérale à l'épreuve (1914-1948)**, nº 232, Alain Leménorel.
4. **L'économie ouverte (1948-1990)**, nº 79, André Gueslin.

Nouvelle microéconomie (La), nº 126, Pierre Cahuc.

Nouvelle théorie du commerce international (La), nº 211, Michel Rainelli.

Nouvelles théories de la croissance (Les), nº 161, Dominique Guellec et Pierre Ralle.

Nouvelles théories du marché du travail (Les), nº 107, Anne Perrot.

ONU (L'), n° 145, Maurice Bertrand.
Organisation mondiale du commerce
(L'), n° 193, Michel Rainelli.
Outils de la décision stratégique (Les) :
1 : Avant 1980, n° 162,
2 : Depuis 1980, n° 163, José Allouche
et Géraldine Schmidt.
Personnes âgées (Les), n° 224,
Pascal Pochet.
Philosophie de Marx (La),
n° 124, Étienne Balibar.
Pierre Mendès France, n° 157,
Jean-Louis Rizzo.
Politique de la concurrence (La),
n° 339, Emmanuel Combe.
Politique de la famille (La), n° 352,
Jacques Commaille, Pierre Strobel
et Michel Villac.
Politiques de l'emploi et du marché du
travail (Les), n° 373, DARES.
Politique étrangère de la France depuis
1945 (La), n° 217, Frédéric Bozo.
Politique financière de l'entreprise (La),
n° 183, Christian Pierrat.
Population française (La),
n° 75, Jacques Vallin.
Population mondiale (La),
n° 45, Jacques Vallin.
Postcommunisme en Europe (Le), n° 266,
François Bafoil.
Presse des jeunes (La),
n° 334, Jean-Marie Charon.
Presse magazine (La),
n° 264, Jean-Marie Charon.
Presse quotidienne (La),
n° 188, Jean-Marie Charon.
Protection sociale (La), n° 72,
Numa Murard.
Protectionnisme (Le),
n° 322, Bernard Guillochon.
Protestants en France depuis 1789 (Les),
n° 273, Rémi Fabre.
Psychanalyse (La), n° 168,
Catherine Desprats-Péquignot.
Quel avenir pour nos retraites ?, n° 289,
Gaël Dupont et Henri Sterdyniak.
Question nationale au XIXᵉ siècle (La),
n° 214, Patrick Cabanel.
Régime de Vichy (Le),
n° 206, Marc Olivier Baruch.
Régime politique de la Vᵉ République
(Le), n° 253, Bastien François.
Régimes politiques (Les),
n° 244, Arlette Heymann-Doat.
Régionalisation de l'économie mondiale
(La), n° 288, Jean-Marc Siroën.
Revenu minimum garanti (Le),
n° 98, Chantal Euzéby.
Revenus en France (Les), n° 69,
Yves Chassard et Pierre Concialdi.
Santé des Français (La), n° 330,
Haut comité de la santé publique.

Sciences de l'éducation (Les), n° 129,
Éric Plaisance et Gérard Vergnaud.
Sexualité en France (La),
n° 221, Maryse Jaspard.
Société du risque (La),
n° 321, Patrick Peretti Watel.
Socio-économie des services, n° 369, Jean
Gadrey.
Sociologie de Durkheim (La),
n° 154, Philippe Steiner.
Sociologie de Georg Simmel (La), n° 311,
Frédéric Vandenberghe.
Sociologie de l'architecture,
n° 314, Florent Champy.
Sociologie de l'art, n° 328,
Nathalie Heinich.
Sociologie de l'éducation,
n° 169, Marlaine Cacouault
et Françoise Œuvrard.
Sociologie de l'emploi,
n° 132, Margaret Maruani et
Emmanuèle Reynaud.
Sociologie de l'immigration, n° 364,
Andrea Rea et Maryse Tripier.
Sociologie de l'organisation sportive,
n° 281, William Gasparini.
Sociologie de la bourgeoisie,
n° 294, Michel Pinçon
et Monique Pinçon-Charlot.
Sociologie de la consommation,
n° 319, Nicolas Herpin.
Sociologie de la lecture, n° 376,
Chantal Horellou-Lafarge et
Monique Segré.
Sociologie de la négociation, n° 350,
Reynald Bourque et Christian Thuderoz.
Sociologie de la prison,
n° 318, Philippe Combessie.
Sociologie de Marx (La),
n° 173, Jean-Pierre Durand.
Sociologie de Norbert Elias (La), n° 233,
Nathalie Heinich.
Sociologie des cadres,
n° 290, Paul Bouffartigue
et Charles Gadea.
Sociologie des entreprises, n° 210,
Christian Thuderoz.
Sociologie des mouvements sociaux,
n° 207, Erik Neveu.
Sociologie des organisations,
n° 249, Lusin Bagla.
Sociologie des publics, n° 366,
Jean-Pierre Esquenazi.
Sociologie des relations internationales,
n° 335, Guillaume Devin.
Sociologie des relations professionnelles,
n° 186, Michel Lallement.
Sociologie des syndicats,
n° 304, Dominique Andolfatto
et Dominique Labbé.
Sociologie du chômage (La),
n° 179, Didier Demazière.

Sociologie du conseil en management,
n° 368, Michel Villette.
Sociologie du droit, n° 282,
Évelyne Séverin.
Sociologie du journalisme,
n° 313, Erik Neveu.
Sociologie du sida, n° 355, Claude
Thiaudière.
Sociologie du sport, n° 164,
Jacques Defrance.
Sociologie du travail (La),
n° 257, Sabine Erbès-Seguin.
Sociologie économique (La),
n° 274, Philippe Steiner.
Sociologie historique du politique, n° 209,
Yves Déloye.
Sociologie de la ville, n° 331, Yankel
Fijalkow.
**Sociologie et anthropologie de Marcel
Mauss,** n° 360, Camille Tarot.
Sondages d'opinion (Les), n° 38,
Hélène Meynaud et Denis Duclos.
Stratégies des ressources humaines (Les),
n° 137, Bernard Gazier.
Syndicalisme en France depuis 1945 (Le),
n° 143, René Mouriaux.
Syndicalisme enseignant (Le),
n° 212, Bertrand Geay.
Système éducatif (Le), n° 131,
Maria Vasconcellos.
Système monétaire international (Le),
n° 97, Michel Lelart.
Taux de change (Les), n° 103,
Dominique Plihon.
Taux d'intérêt (Les),
n° 251, A. Bénassy-Quéré, L. Boone et
V. Coudert.
Taxe Tobin (La), n° 337, Yves Jegourel.
Tests d'intelligence (Les), n° 229,
Michel Huteau et Jacques Lautrey.
Théorie de la décision (La), n° 120,
Robert Kast.
**Théories économiques du développement
(Les),** n° 108, Elsa Assidon.
Théorie économique néoclassique (La) :
1. Microéconomie, n° 275,
2. Macroéconomie, n° 276,
Bernard Guerrien.
Théories de la monnaie (Les), n° 226,
Anne Lavigne et Jean-Paul Pollin.
Théories des crises économiques (Les),
n° 56, Bernard Rosier et Pierre Dockès.
Théories du salaire (Les),
n° 138, Bénédicte Reynaud.

Théories sociologiques de la famille (Les),
n° 236, Catherine Cicchelli-
Pugeault et Vincenzo Cicchelli.
Travail des enfants dans le monde (Le),
n° 265, Bénédicte Manier.
Travail et emploi des femmes,
n° 287, Margaret Maruani.
Travailleurs sociaux (Les), n° 23,
Jacques Ion et Bertrand Ravon.
Union européenne (L'), n° 170,
Jacques Léonard et Christian Hen.
Urbanisme (L'), n° 96, Jean-François
Tribillon.

Dictionnaires

R E P È R E S

Dictionnaire de gestion, Élie Cohen.
Dictionnaire d'analyse économique,
*microéconomie, macroéconomie, théorie
des jeux, etc.,* Bernard Guerrien.

Guides

R E P È R E S

L'art de la thèse, *Comment préparer et
rédiger une thèse de doctorat, un mémoire
de DEA ou de maîtrise ou tout autre travail
universitaire,* Michel Beaud.
Les ficelles du métier. *Comment conduire
sa recherche en sciences sociales,*
Howard S. Becker.
Guide des méthodes de l'archéologie,
Jean-Paul Demoule, François Giligny,
Anne Lehoërff, Alain Schnapp.
Guide du stage en entreprise,
Michel Villette.
Guide de l'enquête de terrain,
Stéphane Beaud, Florence Weber.
Manuel de journalisme. *Écrire pour le
journal,* Yves Agnès.
Voir, comprendre, analyser les images,
Laurent Gervereau.

Manuels

R E P È R E S

Analyse macroéconomique 1.
Analyse macroéconomique 2.
17 auteurs sous la direction de Jean-Olivier
Hairault.
Une histoire de la comptabilité nationale,
André Vanoli.

Composition Facompo, Lisieux (Calvados)
Achevé d'imprimer en décembre 2003 sur les presses
de l'imprimerie Campin à Tournai (Belgique)
Dépôt légal : janvier 2004.